NOUVELLE BIBLIOTHÈQUE CLASSIQUE
DES ÉDITIONS JOUAUST

FABLES
DE FLORIAN

PUBLIÉES AVEC UN

AVANT-PROPOS SUR LA FABLE

PARIS
LIBRAIRIE DES BIBLIOPHILES
E. FLAMMARION successeur
Rue Racine, 26 (près de l'Odéon)

FABLES

DE

FLORIAN

FABLES

DE J. P. CLARIS

DE FLORIAN

PUBLIÉES AVEC UN

AVANT-PROPOS SUR LA FABLE

ET UNE

TABLE ALPHABÉTIQUE

PARIS
LIBRAIRIE DES BIBLIOPHILES
E. FLAMMARION, Successeur
Rue Racine, 26, près de l'Odéon

AVERTISSEMENT

E grand succès obtenu l'année dernière par notre édition des *Fables de La Fontaine* nous a amenés à publier les *Fables de Florian* dans la Nouvelle Bibliothèque Classique.

La seule édition des *Fables* qui ait paru du vivant de Florian, mort en 1794, est celle qu'a publiée Didot en 1793, dans le format in-12, avec des figures de Flouest et le portrait gravé par Gaucher. Elle a été réimprimée page pour page sous la même date ; mais l'on préfère la première impression, meilleure et plus correcte, et c'est celle-là que nous avons suivie.

Il n'est pas toujours facile de distinguer ces deux éditions l'une de l'autre. On reconnaît néanmoins la première, comme l'indique M. de Montaiglon dans sa préface des *Fables de Florian*, publiées en 1882, à ce que les mots *Histoire nat.* terminent la première ligne de la note placée sous la fable de *la Sarigue*, page 67, tandis que dans l'autre édition, *Hist.* est à la fin de la première ligne, et *nat.* au commencement de la seconde.

Douze fables ont paru après la mort de Florian, dont dix publiées en 1802 par Jauffret, dans des œuvres

AVERTISSEMENT

posthumes, et deux (l'*Aigle et la Fourmi* et *les Deux Sœurs*) dans le tome IV des œuvres inédites recueillies par Pixérécourt (Paris, Boulland, 1824, in-12). En général, on les a distribuées, assez arbitrairement, entre les cinq livres : nous avons préféré les donner en appendice.

De même que le fils d'un père illustre conquiert difficilement le rang véritablement dû à son mérite, ainsi Florian, qui, dans le domaine de la Fable, procède de La Fontaine, a quelque peu souffert de la comparaison avec son trop célèbre devancier. Ses *Fables*, dont plusieurs pourraient être signées du Bonhomme, n'ont pas toujours obtenu, dans les préférences des lettrés, la place dont elles étaient dignes. Mais une heureuse réaction s'est produite depuis quelque temps en leur faveur, et nous en avons eu la preuve dans les demandes assez fréquentes de personnes qui nous ont manifesté le désir de les voir figurer dans notre collection. Nous avons donc tout lieu de penser que la présente édition arrive en son temps, trop heureux si elle peut contribuer à remettre complètement en honneur le second fabuliste français.

FABLES DE FLORIAN

DE LA FABLE

Il y a quelque temps qu'un de mes amis, me voyant occupé de faire des fables, me proposa de me présenter à un de ses oncles, vieillard aimable et obligeant, qui, toute sa vie, avoit aimé de prédilection le genre de l'apologue, possédoit dans sa bibliothèque presque tous les fabulistes, et relisoit sans cesse La Fontaine.

J'acceptai avec joie l'offre de mon ami; nous allâmes ensemble chez son oncle.

Je vis un petit vieillard de quatre-vingts ans à peu près, mais qui se tenoit encore droit. Sa physionomie étoit douce et gaie, ses yeux vifs et spirituels ; son visage, son souris, sa manière d'être, annonçoient cette paix de l'âme, cette habitude d'être heureux par soi, qui se communique aux autres. On étoit sûr, au premier abord, que l'on voyoit un honnête homme que la fortune avoit respecté. Cette idée faisoit plaisir et préparoit doucement le cœur à l'attrait qu'il éprouvoit bientôt pour cet honnête homme.

Il me reçut avec une bonté franche et polie, me fit asseoir près de lui, me pria de parler un peu haut, parce qu'il avoit, me dit-il, le bonheur de n'être que sourd ; et, déjà prévenu par son neveu que je me donnois les airs d'être un fabuliste, il me demanda si j'aurois la complaisance de lui dire quelques-uns de mes apologues. Je ne me fis pas presser ; j'avois déjà de la confiance en lui. Je choisis promptement celles de mes fables que je regardois comme les meilleures ; je m'efforçai de les réciter de mon mieux, de les parer de tout le prestige du débit, de les jouer en les disant ; et je cherchai dans les yeux de mon juge à deviner s'il étoit satisfait.

Il m'écoutoit avec bienveillance, sourioit de temps en temps à certains traits, rapprochoit ses sourcils à quelques autres, que je notois en moi-même pour les corriger. Après avoir entendu une douzaine d'apologues, il me donna ce tribut d'éloges que les auteurs regardent toujours comme le prix de leur travail, et qui n'est souvent que le salaire de leur lecture. Je le remerciai, comme il me louoit, avec une reconnoissance modérée, et, ce petit moment passé, nous commençâmes une conversation plus cordiale.

« J'ai reconnu dans vos fables, me dit-il, plusieurs sujets pris dans des fables anciennes ou étrangères.

— Oui, lui répondis-je, toutes ne sont pas de mon invention. J'ai lu beaucoup de fabulistes, et, lorsque j'ai trouvé des sujets qui me convenoient, qui n'avoient pas été traités par La Fontaine, je ne me suis fait aucun scrupule de m'en emparer. J'en dois quelques-uns à Ésope, à Bidpaï, à Gay, aux fabulistes allemands, beaucoup plus à un

Espagnol nommé Iriarte, poète dont je fais grand cas et qui m'a fourni mes apologues les plus heureux. Je compte bien en prévenir le public dans une préface, afin que l'on ne puisse pas me reprocher...

— Oh ! c'est fort égal au public, interrompit-il en riant. Qu'importe à vos lecteurs que le sujet d'une de vos fables ait été d'abord inventé par un Grec, par un Espagnol, ou par vous ? L'important, c'est qu'elle soit bien faite. La Bruyère a dit : *Le choix des pensées est invention.* D'ailleurs vous avez pour vous l'exemple de La Fontaine. Il n'est guère de ses apologues que je n'aie retrouvés dans des auteurs plus anciens que lui. Mais comment y sont-ils ? Si quelque chose pouvoit ajouter à sa gloire, ce seroit cette comparaison. N'ayez donc aucune inquiétude sur ce point. En poésie comme à la guerre, ce qu'on prend à ses frères est vol, mais ce qu'on enlève aux étrangers est conquête.

« Parlons d'une chose plus importante. Comment avez-vous considéré l'apologue ? »

A cette question, je demeurai surpris, je rougis un peu, je balbutiai ; et, voyant bien, à l'air de bonté du vieillard, que le meilleur parti étoit d'avouer mon ignorance, je lui répondis, si bas qu'il me le fit répéter, que je n'avois pas assez réfléchi sur cette question, mais que je comptois m'en occuper quand je ferois mon discours préliminaire.

« J'entends, me répondit-il : vous avez commencé par faire des fables, et, quand votre recueil sera fini, vous réfléchirez sur la fable. Cette manière de procéder est assez commune, même pour des objets plus importants. Au surplus, quand vous auriez pris la marche contraire, qui sûrement eût été plus raisonnable, je doute que vos fables y eussent gagné. Ce genre d'ouvrage est peut-être le seul où les poétiques sont à peu près inutiles, où l'étude n'ajoute presque rien au talent, où, pour me servir d'une comparaison qui vous appartient, on travaille par une espèce d'instinct, aussi bien que l'hirondelle bâtit son nid, ou bien aussi mal que le moineau fait le sien.

« Cependant je ne doute point que vous n'ayez lu, dans beaucoup de préfaces de fables, que *l'apologue est une instruction déguisée sous l'allégorie d'une action;* définition qui, par parenthèse, peut convenir au poème épique, à la comédie, au roman, et ne pourroit s'appliquer à plusieurs fables, comme celles de *Philomèle et Progné,* de *l'Oiseau blessé d'une flèche,* du *Paon se plaignant à Junon,* du *Renard et du Buste,* etc., qui proprement n'ont point d'action, et dont tout le sens est renfermé dans le seul mot de la fin; ou comme celles de *l'Ivrogne et sa Femme,* du *Rieur et des Poissons,* de *Tircis et Amarante,* du *Testament expliqué par Ésope,* qui n'ont que le mérite assez grand d'être parfaitement contées, et qu'on seroit bien fâché de retrancher quoiqu'elles n'aient point de morale. Ainsi cette définition, reçue de tous les temps, ne me paroît pas toujours juste.

« Vous avez lu sûrement encore, dans le très ingénieux discours que feu M. de La Motte a mis à la tête de ses fables, que, « pour faire un bon apologue, il faut d'abord

« se proposer une vérité morale, la cacher
« sous l'allégorie d'une image qui ne pèche
« ni contre la justesse, ni contre l'unité,
« ni contre la nature, amener ensuite des
« acteurs que l'on fera parler dans un style
« familier mais élégant, simple mais ingé-
« nieux, animé de ce qu'il y a de plus riant
« et de plus gracieux, en distinguant bien
« les nuances du riant et du gracieux, du
« naturel et du naïf. »

« Tout cela est plein d'esprit, j'en conviens ; mais, quand on saura toutes ces finesses, on sera tout au plus en état de prouver, comme l'a fait M. de La Motte, que la fable des *Deux Pigeons* est une fable imparfaite, car elle pèche *contre l'unité ;* que celle du *Lion amoureux* est encore moins bonne, *car l'image entière est vicieuse* [1]. Mais, pour le malheur des définitions et des règles, tout le monde n'en sait pas moins par cœur l'admirable fable des *Deux Pigeons ;* tout le monde

---

[1]. Œuvres de La Motte, *Discours sur la Fable*, t. IX, p. 22 et suiv.

n'en répète pas moins souvent ces vers du
Lion amoureux :

>   Amour, Amour, quand tu nous tiens,
>   On peut bien dire : « Adieu prudence »;

et personne ne se soucie de savoir qu'on peut démontrer rigoureusement que ces deux fables sont contre les règles.

« Vous exigerez peut-être de moi, en me voyant critiquer avec tant de sévérité les définitions, les préceptes donnés sur la fable, que j'en indique de meilleurs ; mais je m'en garderai bien, car je suis convaincu que ce genre ne peut être défini et ne peut avoir de préceptes. Boileau n'en a rien dit dans son *Art poétique,* et c'est peut-être parce qu'il avoit senti qu'il ne pouvoit le soumettre à ses lois. Ce Boileau, qui assurément étoit poète, avoit fait la fable de *la Mort et du Malheureux,* en concurrence avec La Fontaine. J.-B. Rousseau, qui étoit poète aussi, traita le même sujet. Lisez dans M. d'Alembert[1] ces deux apologues com-

---

1. *Histoire des membres de l'Académie françoise,* t. III.

parés avec celui de La Fontaine : vous trouverez la même morale, la même image, la même marche, presque les mêmes expressions ; cependant les deux fables de Boileau et de Rousseau sont au moins très médiocres, et celle de La Fontaine est un chef-d'œuvre.

« La raison de cette différence nous est parfaitement développée dans un excellent morceau sur la fable, de M. Marmontel [1]. Il n'y donne pas les moyens d'écrire de bonnes fables, car ils ne peuvent pas se donner ; il n'expose point les principes, les règles qu'il faut observer, car je répète que dans ce genre il n'y en a point ; mais il est le premier, ce me semble, qui nous ait expliqué pourquoi l'on trouve un si grand charme à lire La Fontaine, d'où vient l'illusion que nous cause cet inimitable écrivain. « Non seule-
« ment, dit M. Marmontel, La Fontaine a
« ouï dire ce qu'il raconte, mais il l'a vu, il
« croit le voir encore. Ce n'est pas un poète

---

1. *Éléments de littérature*, t. III.

« qui imagine, ce n'est pas un conteur qui
« plaisante ; c'est un témoin présent à l'ac-
« tion, et qui veut vous y rendre présent
« vous-même ; son érudition, son éloquence,
« sa philosophie, sa politique, tout ce qu'il
« a d'imagination, de mémoire, de senti-
« ment, il met tout en œuvre, de la meil-
« leure foi du monde, pour vous persuader ;
« et c'est cet air de bonne foi, c'est le sé-
« rieux avec lequel il mêle les plus grandes
« choses avec les plus petites, c'est l'impor-
« tance qu'il attache à des jeux d'enfants,
« c'est l'intérêt qu'il prend pour un lapin et
« une belette, qui font qu'on est tenté
« de s'écrier à chaque instant : « Le bon
« homme ! » etc.

« M. Marmontel a raison : quand ce mot est dit, on pardonne tout à l'auteur, on ne s'offense plus des leçons qu'il nous fait, des vérités qu'il nous apprend ; on lui permet de prétendre à nous enseigner la sagesse, prétention que l'on a tant de peine à passer à son égal. Mais un *bon homme* n'est plus notre égal : sa simplicité crédule, qui nous amuse, qui nous fait rire, nous délivre à nos yeux de sa supériorité ; on respire alors, on peut hardiment sentir le plaisir qu'il nous donne ; on peut l'admirer et l'aimer sans se compromettre.

« Voilà le grand secret de La Fontaine, secret qui n'étoit son secret que parce qu'il l'ignoroit lui-même.

— Vous me prouvez, lui répondis-je assez tristement, qu'à moins d'être un La Fontaine il ne faut pas faire de fables ; et vous sentez que la seule réponse à cette affligeante vérité, c'est de jeter au feu mes apologues. Vous m'en donnez une forte tentation ; et comme, dans les sacrifices un peu pénibles, il faut toujours profiter du moment où l'on se trouve en force, je vais, en rentrant chez moi... — Faire une sottise, interrompit-il ; sottise dont vous ne seriez point tenté si vous aviez moins d'orgueil d'une part, et de l'autre plus de véritable admiration pour La Fontaine.—Comment ! repris-je d'un ton presque fâché, quelle plus grande preuve de modestie puis-je donner que de brûler un ouvrage qui m'a coûté des années de travail? et quel plus grand hommage peut recevoir de moi l'admirable modèle dont je ne puis jamais approcher? — Monsieur le fabuliste, me dit le vieillard en souriant, notre conversation pourra vous fournir deux bonnes fables, l'une sur l'amour-propre, l'autre sur la colère. En attendant, permettez-moi de vous faire une question que je veux aussi habiller en apologue.

« Si la plus belle des femmes, Hélène par exemple, régnoit encore à Lacédémone, et que tous les Grecs, tous les étrangers, fussent ravis d'admiration en la voyant paroître dans les jeux publics, ornée d'abord de ses attraits enchanteurs, de sa grâce, de sa beauté divine, et puis encore de l'éclat que donne la royauté, que penseriez-vous d'une petite paysanne ilote, que je veux bien supposer jeune, fraîche, avec des yeux noirs, et qui, voyant paroître la reine, se croiroit obligée d'aller se cacher? Vous lui diriez : « Ma « chère enfant, pourquoi vous priver des « jeux? Personne, je vous assure, ne songe

« à vous comparer avec la reine de Sparte.
« Il n'y a qu'une Hélène au monde ; com-
« ment vous vient-il dans la tête que l'on
« puisse songer à deux ? Tenez-vous à votre
« place. La plupart des Grecs ne vous re-
« garderont pas, car la reine est là-haut, et
« vous êtes ici. Ceux qui vous regarderont,
« vous ne les ferez pas fuir. Il y en a même
« qui peut-être vous trouveront à leur gré :
« vous en ferez vos amis, et vous admirerez
« avec eux la beauté de cette reine du
« monde. »

« Quand vous lui auriez dit cela, si la petite fille vouloit encore s'aller cacher, ne lui conseilleriez-vous point d'avoir moins d'orgueil d'une part, et de l'autre plus d'admiration pour Hélène ?

« Vous m'entendez ; et je ne crois pas nécessaire, ainsi que l'exige M. de La Motte, de placer la moralité à la fin de mon apologue. Ne brûlez donc point vos fables, et soyez sûr que La Fontaine est si divin que beaucoup de places infiniment au-dessous de la sienne sont encore très belles. Si vous pouvez en avoir une, je vous en ferai mon compliment. Pour cela, vous n'avez besoin que de deux choses que je vais tâcher de vous expliquer.

« Quoique je vous aie dit que je ne connois point de définition juste et précise de l'apologue, j'adopterai pour la plupart celle que La Fontaine lui-même a choisie, lorsqu'en parlant du recueil de ses fables il l'appelle :

> Une ample comédie à cent actes divers,
> Et dont la scène est l'univers.

« En effet, un apologue est une espèce de petit drame : il a son exposition, son nœud, son dénouement. Que les acteurs en soient des animaux, des dieux, des arbres, des hommes, il faut toujours qu'ils commencent par me dire ce dont il s'agit, qu'ils m'intéressent à une situation, à un événement quelconque, et qu'ils finissent par me laisser satisfait, soit de cet événement, soit quelquefois d'un simple mot, qui est le résultat moral de tout ce qu'on a dit ou fait. Il me seroit aisé, si je ne craignois d'être trop bavard, de prendre au hasard une fable de La Fontaine, et de vous y faire voir l'avant-scène, l'exposition, faite souvent par un monologue, comme dans la fable du *Berger et son Troupeau;* l'intérêt commençant avec la situation, comme dans *la Colombe et la Fourmi;* le danger croissant d'acte en acte, car il y en a de plusieurs actes, comme *l'Alouette et ses Petits avec le Maître d'un champ,* et le dénouement enfin, mis quelquefois en spectacle, comme dans *le Loup devenu berger,* plus communément en simple récit.

« Cela posé, comme le fabuliste ne peut être aidé par de véritables acteurs, par le prestige du théâtre, et qu'il doit cependant me donner la comédie, il s'ensuit que son premier besoin, son talent le plus nécessaire, doit être celui de peindre : car il faut qu'il montre aux regards ce théâtre, ces acteurs qui lui manquent; il faut qu'il fasse lui-même ses décorations, ses habits ; que non seulement il écrive ses rôles, mais qu'il les joue en les écrivant, et qu'il exprime à la fois les gestes, les attitudes, les mines, les jeux de visage, qui ajoutent tant à l'effet des scènes.

« Mais ce talent de peindre ne suffiroit pas pour le genre de la fable, s'il ne se trouvoit réuni avec celui de conter gaiement : art difficile et peu commun, car la gaieté que j'entends est à la fois celle de l'esprit et celle du caractère. C'est ce don, le plus désirable sans doute, puisqu'il vient presque toujours de l'innocence, qui nous fait aimer des autres, parce que nous pouvons nous aimer nous-mêmes ; change en plaisir toutes nos actions, et souvent tous nos devoirs ; nous délivre, sans nous donner la peine de l'attention, d'une foule de défauts pénibles, pour nous orner de mille qualités qui ne coûtent jamais d'efforts. Enfin cette gaieté, selon moi, est la véritable philosophie, qui se contente de peu sans savoir que c'est un mérite, supporte avec résignation les maux inévitables de la vie sans avoir besoin de se dire que l'impatience n'y changeroit rien, et sait encore faire le bonheur de ceux qui nous environnent, du seul supplément de notre propre bonheur.

« Voilà la gaieté que je veux dans l'écrivain qui raconte : elle entraîne avec elle le naturel, la grâce, la naïveté. Le talent de peindre, comme vous savez, comprend le mérite du style et le grand art de faire des vers qui soient toujours de la poésie. Ainsi je conclus que tout fabuliste qui réunira ces deux qualités pourra se flatter non pas d'être l'égal de La Fontaine, mais d'être souffert après lui.

— Parlez-vous sérieusement, lui dis-je, et prétendez-vous m'encourager? Si tout ce que vous venez de détailler n'est que le moins qu'on puisse exiger d'un fabuliste, que voulez-vous que je devienne? Ou laissez-moi brûler mes fables, ou ne me démontrez pas qu'elles ne réussiront point. Je pourrois vous répondre pourtant que l'élégant Phèdre n'est rien moins que gai, que le laconique Ésope ne l'est pas beaucoup davantage, que l'Anglois Gay n'est presque jamais qu'un philosophe de mauvaise humeur, et que cependant...

Fables de Florian. 3

— Ces messieurs-là, reprit le vieillard, n'ont rien de commun avec vous. Indépendamment de la différence de leur nation, de leur siècle, de leur langue, songez que Phèdre fut le premier chez les Romains qui écrivit des fables en vers ; que Gay fut de même le premier chez les Anglois. Je ne prétends pas assurément leur disputer leur mérite ; mais croyez que ce mot de *premier* ne laisse pas de faire à la réputation des hommes. Quant à votre Ésope, je ne dirai pas qu'il fut aussi le premier chez les Grecs, car je suis persuadé qu'il n'a jamais existé.

— Quoi ! répliquai-je, cet Ésope dont nous avons les ouvrages, dont j'ai lu la vie dans Méziriac, dans La Fontaine, dans tant d'autres, ce Phrygien si fameux par sa laideur, par son esprit, par sa sagesse, n'auroit été qu'un personnage imaginaire ? Quelles preuves en avez-vous ? Et qui donc, à votre avis, est l'inventeur de l'apologue ?

— Vous pressez un peu les questions, reprit-il avec douceur, et vous allez m'engager dans une discussion scientifique à laquelle je ne suis guère propre, car on ne peut être moins savant que moi. Pour ce qui regarde Ésope, je vous renvoie à une dissertation fort bien faite, de feu M. Boulanger, *sur les incertitudes qui concernent les premiers écrivains de l'antiquité.* Vous y verrez que cet Ésope, si renommé par ses apologues, et que les historiens ont placé dans le VIe siècle avant notre ère, se trouve à la fois le contemporain de Crésus, roi de Lydie, d'un Necténabo, roi d'Égypte, qui vivoit cent quatre-vingts ans après Crésus, et de la courtisane Rhodope, qui passe pour avoir élevé une de ces fameuses pyramides bâties au moins dix-huit cents ans avant Crésus. Voilà déjà d'assez grands anachronismes pour rejeter comme fabuleuses toutes les vies d'Ésope.

« Quant à ses ouvrages, les Orientaux les réclament, et les attribuent à Lokman, fabuliste célèbre en Asie depuis des milliers d'années, surnommé *le Sage* par tout l'Orient, et qui passe pour avoir été, comme Ésope, esclave, laid et contrefait.

« M. Boulanger, par des raisons très plausibles, démontre à peu près qu'Ésope et Lokman ne sont qu'un. Il est vrai qu'il donne ensuite des raisons presque aussi bonnes, tirées de l'étymologie, de la ressemblance des noms phéniciens, hébreux, arabes, pour prouver que ce Lokman *le Sage* pourroit fort bien être le roi Salomon. Il va plus loin ; et, comparant toujours les identités, les rapports des noms, les similitudes des anecdotes, il en conclut que ce Salomon, si révéré dans l'Orient pour sa sagesse, son esprit, sa puissance, ses ouvrages, étoit Joseph, fils de Jacob, premier ministre d'Égypte. De là, revenant à Ésope, il fait un rapprochement fort ingénieux d'Ésope et de Joseph, tous deux réduits à l'esclavage, et faisant prospérer la maison de leur maître ; tous deux enviés, persécutés et pardonnant à leurs ennemis ; tous deux voyant en songe leur grandeur future, et sortant d'esclavage à l'occasion de ce songe ; tous deux excellant dans l'art d'interpréter les choses cachées ; enfin tous deux favoris et ministres, l'un du pharaon d'Égypte, l'autre du roi de Babylone.

« Mais, sans adopter toutes les opinions de M. Boulanger, je me borne à regarder comme à peu près sûr que ce prétendu Ésope n'est qu'un nom supposé, sous lequel on répandit dans la Grèce des apologues connus longtemps auparavant dans l'Orient. Tout nous vient de l'Orient; et c'est la fable, sans aucun doute, qui a le plus conservé du caractère et de la tournure de l'esprit asiatique. Ce goût de paraboles, d'énigmes, cette habitude de parler toujours par images, d'envelopper les préceptes d'un voile qui semble les conserver, durent encore en Asie; leurs poètes, leurs philosophes, n'ont jamais écrit autrement.

— Oui, lui dis-je, je suis de votre avis sur ce point; mais quel est le pays de l'Asie que vous regardez comme le berceau de la fable?

— Là-dessus, me répondit-il, je me suis fait un petit système qui pourroit bien n'être pas plus vrai que tant d'autres; mais, comme c'est peu important, je ne m'en suis pas refusé le plaisir. Voici mes idées sur l'origine de la fable : je ne les dis guère qu'à mes amis, parce qu'il n'y a pas grand inconvénient à se tromper avec eux.

« Nulle part on n'a dû s'occuper davantage des animaux que chez le peuple où la métempsycose étoit un dogme reçu. Dès qu'on a pu croire que notre âme passoit après notre mort dans le corps de quelque animal, on n'a rien eu de mieux à faire, rien de plus raisonnable, rien de plus conséquent, que d'étudier avec soin les mœurs, les habitudes, la façon de vivre de ces animaux si intéressants, puisqu'ils étoient à la fois pour l'homme l'avenir et le passé, puisqu'on voyoit toujours en eux ses pères, ses enfants et soi-même.

« De l'étude des animaux, de la certitude qu'ils ont notre âme, on a dû passer aisément à la croyance qu'ils ont un langage. Certaines espèces d'oiseaux l'indiquent même sans cela. Les étourneaux, les perdrix, les pigeons, les hirondelles, les corbeaux, les grues, les poules, une foule d'autres, ne vivent jamais que par grandes troupes. D'où viendroit ce besoin de société, s'ils n'avoient pas le don de s'entendre ? Cette seule question dispense d'autres raisonnements qu'on pourroit alléguer.

« Voilà donc le dogme de la métempsycose, qui, en conduisant naturellement les hommes à l'attention, à l'intérêt pour les animaux, a dû les mener promptement à la croyance qu'ils ont un langage. De là je ne vois plus qu'un pas à l'invention de la fable, c'est-à-dire à l'idée de faire parler ces animaux pour les rendre les précepteurs des humains.

« Montagne a dit que « notre sapience « apprend des bêtes les plus utiles enseigne- « ments aux plus grandes et plus nécessaires « parties de la vie ». En effet, sans parler des chiens, des chevaux, de plusieurs autres animaux, dont l'attachement, la bonté, la résignation, devroient sans cesse faire honte aux hommes, je ne veux prendre pour exemple que les mœurs du chevreuil, de cet animal si joli, si doux, qui ne vit point en société, mais en famille ; épouse toujours, à la manière des Guèbres, la sœur avec laquelle il vint au monde, avec laquelle il fut élevé ; qui demeure avec sa compagne, près de son père et de sa mère, jusqu'à ce que, père à son tour, il aille se consacrer à l'éducation de ses enfants, leur donner les leçons d'amour, d'innocence, de bonheur, qu'il a reçues et pratiquées ; qui passe enfin sa vie entière dans les douceurs de l'amitié, dans les jouissances de la nature, et dans cette heureuse ignorance, cette imprévoyance des maux, *cette incuriosité qui,* comme dit le bon Montagne, *est un chevet si doux, si sain à reposer une tête bien faite.*

« Pensez-vous que le premier philosophe qui a pris la peine de rapprocher de ces mœurs si pures, si douces, nos intrigues, nos haines, nos crimes ; de comparer avec mon chevreuil, allant paisiblement au gagnage, l'homme caché derrière un buisson, armé de l'arc qu'il a inventé pour tuer de plus loin ses frères, et employant ses soins, son adresse, à contrefaire le cri de la mère du chevreuil, afin que son enfant trompé, venant à ce cri qui l'appelle, reçoive une mort plus sûre des mains du perfide assassin ; pensez-vous, dis-je, que ce philosophe n'ait pas aussitôt imaginé de faire causer ensemble les chevreuils pour reprocher à l'homme sa barbarie, pour lui dire les vérité dures que mon philosophe n'auroit pu hasarder sans s'exposer aux effets cruels de l'amour-propre irrité ? Voilà la fable inventée ; et, si vous avez pu me suivre dans mon diffus verbiage, vous devez conclure avec moi que l'apologue a dû naître dans l'Inde, et que le premier fabuliste fut sûrement un brahmane.

« Ici le peu que nous savons de ce beau pays s'accorde avec mon opinion. Les apologues de Bidpaï sont le plus ancien monument que l'on connoisse dans ce genre ; et Bidpaï étoit un brahmane. Mais, comme il vivoit sous un roi puissant dont il fut le premier ministre, ce qui suppose un peuple civilisé dès longtemps, il est assez vraisemblable que ses fables ne furent pas les premières. Peut-être même n'est-ce qu'un recueil des apologues qu'il avoit appris à l'école des gymnosophistes, dont l'antiquité se perd dans la nuit des temps. Ce qu'il y a de sûr, c'est que ces apologues indiens, parmi lesquels on trouve *les Deux Pigeons,* ont été traduits dans toutes les langues de l'Orient, tantôt sous le nom de Bidpaï ou Pilpaï, tantôt sous celui de Lokman. Ils passèrent ensuite en Grèce sous le titre de Fables d'Ésope. Phèdre les fit connoître aux Romains. Après Phèdre, plusieurs Latins, Aphthonius, Avien, Gabrias, composèrent aussi des fables. D'autres fabulistes plus modernes, tels que Faërne, Abstémius, Camérarius, en donnèrent des recueils, toujours en latin, jusqu'à la fin du XVIe siècle qu'un nommé Hégémon, de Chalon-sur-Saône, s'avisa le premier de faire des fables en vers françois. Cent ans après, La Fontaine parut ; et La Fontaine fit oublier toutes les fables passées, et, je tremble de vous le dire, vraisemblablement aussi toutes les fables futures. Cependant M. de La Motte et quelques autres fabulistes très estimables de notre temps ont eu, depuis

La Fontaine, des succès mérités. Je ne les juge pas devant vous, parce que ce sont vos rivaux; je me borne à vous souhaiter de les valoir.

« Voilà l'histoire de la fable, telle que je la conçois et la sais. Je vous l'ai faite pour mon plaisir peut-être plus que pour le vôtre. Pardonnez cette digression à mon âge et à mon goût pour l'apologue. »

A ces mots le vieillard se tut. Je crois qu'il en étoit temps, car il commençoit à se fatiguer. Je le remerciai des instructions qu'il m'avoit données, et lui demandai la permission de lui porter le recueil de mes fables, pour qu'il voulût bien retrancher d'une main plus ferme que la mienne celles qu'il trouveroit trop mauvaises, et m'indiquer les fautes susceptibles d'être corrigées dans celles qu'il laisseroit. Il me le promit, me donna rendez-vous à huit jours de là. On juge que je fus exact à ce rendez-vous ; mais quelle fut ma douleur lorsque, arrivant avec mon manuscrit, j'appris à la porte du vieillard qu'il étoit mort de la veille! Je le regrettai comme un bienfaiteur : car il l'auroit été, et c'est la même chose. Je ne me sentis pas le courage de corriger sans lui mes apologues, encore moins celui d'en retrancher ; et, privé de conseil, de guide, précisément à l'instant où l'on m'avoit fait sentir combien j'en avois besoin, pour me délivrer du soin fatigant de songer sans cesse à mes fables, je pris le parti de les imprimer. C'est à présent au public à faire l'office du vieillard ; peut-être trouverai-je en lui moins de politesse, mais il trouvera dans moi la même docilité.

FABLES DE FLORIAN

LIVRE PREMIER

I

LA FABLE ET LA VÉRITÉ

La Vérité toute nue
Sortit un jour de son puits.
Ses attraits par le temps étoient un peu détruits,
Jeune et vieux fuyoient à sa vue.
La pauvre Vérité restoit là morfondue,
Sans trouver un asile où pouvoir habiter.
A ses yeux vient se présenter
La Fable richement vêtue,
Portant plumes et diamants,

La plupart faux, mais très brillants.
« Eh ! vous voilà ! bonjour, dit-elle ;
Que faites-vous ici seule sur un chemin ? »
La Vérité répond : « Vous le voyez, je gèle ;
　　Aux passants je demande en vain
　　De me donner une retraite ;
Je leur fais peur à tous. Hélas ! je le vois bien,
　　Vieille femme n'obtient plus rien.
　　— Vous êtes pourtant ma cadette,
　　Dit la Fable, et, sans vanité,
　　Partout je suis fort bien reçue.
　　Mais aussi, dame Vérité,
　　Pourquoi vous montrer toute nue ?
Cela n'est pas adroit. Tenez, arrangeons-nous,
　　Qu'un même intérêt nous rassemble :
Venez sous mon manteau, nous marcherons ensemble.
　　Chez le sage, à cause de vous,
　　Je ne serai point rebutée ;
　　A cause de moi, chez les fous
　　Vous ne serez point maltraitée.
Servant par ce moyen chacun selon son goût,
Grâce à votre raison et grâce à ma folie,
　　Vous verrez, ma sœur, que partout
　　Nous passerons de compagnie. »

II

LA CARPE ET LES CARPILLONS

« Prenez garde, mes fils, côtoyez moins le bord,
    Suivez le fond de la rivière;
    Craignez la ligne meurtrière,
  Ou l'épervier plus dangereux encor. »
C'est ainsi que parloit une carpe de Seine
A de jeunes poissons qui l'écoutoient à peine.
C'étoit au mois d'avril : les neiges, les glaçons,
Fondus par les zéphyrs, descendoient des montagnes;
Le fleuve, enflé par eux, s'élève à gros bouillons
    Et déborde dans les campagnes.
    « Ah! ah! crioient les carpillons,
    Qu'en dis-tu, carpe radoteuse?
    Crains-tu pour nous les hameçons?
Nous voilà citoyens de la mer orageuse;
Regarde : on ne voit plus que les eaux et le ciel;
    Les arbres sont cachés sous l'onde;
    Nous sommes les maîtres du monde,
    C'est le déluge universel.
— Ne croyez pas cela, répond la vieille mère,
Pour que l'eau se retire il ne faut qu'un instant :
Ne vous éloignez point, et, de peur d'accident,

Suivez, suivez toujours le fond de la rivière.
— Bah! disent les poissons, tu répètes toujours
     Mêmes discours.
Adieu, nous allons voir notre nouveau domaine. »
    Parlant ainsi, nos étourdis
    Sortent tous du lit de la Seine,
Et s'en vont dans les eaux qui couvrent le pays.
  Qu'arriva-t-il? Les eaux se retirèrent,
    Et les carpillons demeurèrent;
     Bientôt ils furent pris,
      Et frits.

   Pourquoi quittoient-ils la rivière?
   Pourquoi? Je le sais trop, hélas!
C'est qu'on se croit toujours plus sage que sa mère;
   C'est qu'on veut sortir de sa sphère;
C'est que... c'est que... Je ne finirois pas.

III

LE ROI ET LES DEUX BERGERS

Certain monarque un jour déploroit sa misère
    Et se lamentoit d'être roi.
« Quel pénible métier! disoit-il; sur la terre

Est-il un seul mortel contredit comme moi?
Je voudrois vivre en paix, on me force à la guerre;
Je chéris mes sujets, et je mets des impôts;
J'aime la vérité, l'on me trompe sans cesse;
  Mon peuple est accablé de maux,
  Je suis consumé de tristesse :
  Partout je cherche des avis,
Je prends tous les moyens, inutile est ma peine;
  Plus j'en fais, moins je réussis. »
Notre monarque alors aperçoit dans la plaine
Un troupeau de moutons maigres, de près tondus,
Des brebis sans agneaux, des agneaux sans leurs mères,
  Dispersés, bêlants, éperdus,
Et des béliers sans force errant dans les bruyères.
Leur conducteur Guillot alloit, venoit, couroit,
Tantôt à ce mouton qui gagne la forêt,
Tantôt à cet agneau qui demeure derrière,
  Puis à sa brebis la plus chère;
  Et, tandis qu'il est d'un côté,
Un loup prend un mouton qu'il emporte bien vite;
  Le berger court, l'agneau qu'il quitte
  Par une louve est emporté.
  Guillot tout haletant s'arrête,
S'arrache les cheveux, ne sait plus où courir;
  Et, de son poing frappant sa tête,
  Il demande au Ciel de mourir.
  « Voilà bien ma fidèle image,
S'écria le monarque; et les pauvres bergers,

Fables de Florian.

Comme nous autres rois entourés de dangers,
      N'ont pas un plus doux esclavage :
Cela console un peu. » Comme il disoit ces mots,
Il découvre en un pré le plus beau des troupeaux :
Des moutons gras, nombreux, pouvant marcher à peine,
      Tant leur riche toison les gêne,
Des béliers grands et fiers, tous en ordre paissants,
Des brebis fléchissant sous le poids de la laine,
      Et de qui la mamelle pleine
Fait accourir de loin les agneaux bondissants.
Leur berger, mollement étendu sous un hêtre,
      Faisoit des vers pour son Iris,
Les chantoit doucement aux échos attendris,
Et puis répétoit l'air sur son hautbois champêtre.
Le roi tout étonné disoit : « Ce beau troupeau
Sera bientôt détruit ; les loups ne craignent guère
Les pasteurs amoureux qui chantent leur bergère ;
On les écarte mal avec un chalumeau.
Ah ! comme je rirois !... » Dans l'instant le loup passe,
      Comme pour lui faire plaisir ;
Mais à peine il paroît que, prompt à le saisir,
      Un chien s'élance et le terrasse.
      Au bruit qu'ils font en combattant,
Deux moutons effrayés s'écartent dans la plaine :
      Un autre chien part, les ramène,
Et pour rétablir l'ordre il suffit d'un instant.
Le berger voyoit tout, couché dessus l'herbette,
      Et ne quittoit pas sa musette.

Alors le roi presque en courroux
Lui dit : « Comment fais-tu ? Les bois sont pleins de loups,
Tes moutons gras et beaux sont au nombre de mille,
Et, sans en être moins tranquille,
Dans cet heureux état toi seul tu les maintiens !
— Sire, dit le berger, la chose est fort facile ;
Tout mon secret consiste à choisir de bons chiens. »

IV

LES DEUX VOYAGEURS

Le compère Thomas et son ami Lubin
Alloient à pied tous deux à la ville prochaine.
Thomas trouve sur son chemin
Une bourse de louis pleine ;
Il l'empoche aussitôt. Lubin, d'un air content,
Lui dit : « Pour nous la bonne aubaine !
— Non, répond Thomas froidement :
Pour nous n'est pas bien dit ; *pour moi,* c'est différent. »
Lubin ne souffle plus ; mais, en quittant la plaine,
Ils trouvent des voleurs cachés au bois voisin.
Thomas, tremblant, et non sans cause,
Dit : « Nous sommes perdus ! — Non, lui répond Lubin :
Nous n'est pas le vrai mot ; mais *toi,* c'est autre chose. »

Cela dit, il s'échappe à travers les taillis.
Immobile de peur, Thomas est bientôt pris ;
    Il tire la bourse et la donne.

Qui ne songe qu'à soi quand sa fortune est bonne,
    Dans le malheur n'a point d'amis.

V

LES SERINS

ET LE CHARDONNERET

Un amateur d'oiseaux avoit, en grand secret,
    Parmi les œufs d'une serine
    Glissé l'œuf d'un chardonneret.
La mère des serins, bien plus tendre que fine,
Ne s'en aperçut point, et couva comme sien
    Cet œuf, qui dans peu vint à bien.
Le petit étranger, sorti de sa coquille,
Des deux époux trompés reçoit les tendres soins,
    Par eux traité ni plus ni moins
    Que s'il étoit de la famille.
Couché dans le duvet, il dort le long du jour
A côté des serins dont il se croit le frère,

Reçoit la becquée à son tour,
Et repose la nuit sous l'aile de la mère.
Chaque oisillon grandit, et, devenant oiseau,
　　D'un brillant plumage s'habille;
Le chardonneret seul ne devient point jonquille,
Et ne s'en croit pas moins des serins le plus beau.
　　Ses frères pensent tout de même:
Douce erreur qui toujours fait voir l'objet qu'on aime
　　Ressemblant à nous trait pour trait!
Jaloux de son bonheur, un vieux chardonneret
Vient lui dire: « Il est temps enfin de vous connoître;
Ceux pour qui vous avez de si doux sentiments
　　Ne sont point du tout vos parents.
C'est d'un chardonneret que le sort vous fit naître,
Vous ne fûtes jamais serin : regardez-vous,
Vous avez le corps fauve et la tête écarlate,
Le bec... — Oui, dit l'oiseau, j'ai ce qu'il vous plaira,
　　Mais je n'ai point une âme ingrate,
　　Et mon cœur toujours chérira
　　Ceux qui soignèrent mon enfance.
Si mon plumage au leur ne ressemble pas bien,
　　J'en suis fâché ; mais leur cœur et le mien
　　Ont une grande ressemblance.
Vous prétendez prouver que je ne leur suis rien,
　　Leurs soins me prouvent le contraire :
　　Rien n'est vrai comme ce qu'on sent.
　　Pour un oiseau reconnoissant
　　Un bienfaiteur est plus qu'un père. »

VI

LE CHAT ET LE MIROIR

Philosophes hardis, qui passez votre vie
A vouloir expliquer ce qu'on n'explique pas,
    Daignez écouter, je vous prie,
    Ce trait du plus sage des chats.

    Sur une table de toilette
    Ce chat aperçut un miroir;
Il y saute, regarde, et d'abord pense voir
    Un de ses frères qui le guette.
Notre chat veut le joindre, il se trouve arrêté.
Surpris, il juge alors la glace transparente,
    Et passe de l'autre côté,
Ne trouve rien, revient, et le chat se présente;
Il réfléchit un peu : de peur que l'animal,
    Tandis qu'il fait le tour, ne sorte,
Sur le haut du miroir il se met à cheval,
Deux pattes par ici, deux par là; de la sorte
    Partout il pourra le saisir.
    Alors, croyant bien le tenir,
Doucement vers la glace il incline la tête,
Aperçoit une oreille, et puis deux... A l'instant,
    A droite, à gauche, il va jetant

Sa griffe qu'il tient toute prête ;
Mais il perd l'équilibre, il tombe et n'a rien pris.
Alors, sans davantage attendre,
Sans chercher plus longtemps ce qu'il ne peut comprendre,
Il laisse le miroir et retourne aux souris.
« Que m'importe, dit-il, de percer ce mystère?
Une chose que notre esprit,
Après un long travail, n'entend ni ne saisit,
Ne nous est jamais nécessaire. »

VII

LE BŒUF, LE CHEVAL ET L'ANE

Un bœuf, un baudet, un cheval,
Se disputoient la préséance.
Un baudet! direz-vous, tant d'orgueil lui sied mal.
A qui l'orgueil sied-il, et qui de nous ne pense
Valoir ceux que le rang, les talents, la naissance,
Élèvent au-dessus de nous?
Le bœuf, d'un ton modeste et doux,
Alléguoit ses nombreux services,
Sa force, sa docilité ;
Le coursier, sa valeur, ses nobles exercices,
Et l'âne, son utilité.

« Prenons, dit le cheval, les hommes pour arbitres :
En voici venir trois ; exposons-leur nos titres.
Si deux sont d'un avis, le procès est jugé. »
Les trois hommes venus, notre bœuf est chargé
D'être le rapporteur ; il explique l'affaire,
  Et demande le jugement.
Un des juges choisis, maquignon bas-normand,
  Crie aussitôt : « La chose est claire,
Le cheval a gagné. — Non pas, mon cher confrère,
Dit le second jugeur ; c'étoit un gros meunier ;
  L'âne doit marcher le premier :
Tout autre avis seroit d'une injustice extrême.
  — Oh ! que nenni, dit le troisième,
Fermier de sa paroisse et riche laboureur,
  Au bœuf appartient cet honneur.
— Quoi ! reprend le coursier écumant de colère,
Votre avis n'est dicté que par votre intérêt ?
— Eh mais ! dit le Normand, par quoi donc, s'il vous plaît ?
  N'est-ce pas le code ordinaire ? »

VIII

LE CALIFE

Autrefois dans Bagdad le calife Almamon
Fit bâtir un palais plus beau, plus magnifique
Que ne le fut jamais celui de Salomon.
Cent colonnes d'albâtre en formoient le portique,
L'or, le jaspe, l'azur, décoroient le parvis ;
Dans les appartements embellis de sculpture,
Sous des lambris de cèdre, on voyoit réunis
Et les trésors du luxe et ceux de la nature,
Les fleurs, les diamants, les parfums, la verdure,
Les myrtes odorants, les chefs-d'œuvre de l'art,
  Et les fontaines jaillissantes
  Roulant leurs ondes bondissantes
  A côté des lits de brocart.
Près de ce beau palais, juste devant l'entrée,
Une étroite chaumière, antique et délabrée,
D'un pauvre tisserand étoit l'humble réduit.
  Là, content du petit produit
D'un grand travail, sans dette et sans soucis pénibles,
  Le bon vieillard, libre, oublié,
  Couloit des jours doux et paisibles,
  Point envieux, point envié.
  J'ai déjà dit que sa retraite

Masquoit le devant du palais.
Le vizir veut d'abord, sans forme de procès,
    Qu'on abatte la maisonnette;
Mais le calife veut que d'abord on l'achète.
Il fallut obéir : on va chez l'ouvrier,
On lui porte de l'or. « Non, gardez votre somme,
    Répond doucement le pauvre homme :
Je n'ai besoin de rien avec mon atelier;
Et, quant à ma maison, je ne puis m'en défaire;
C'est là que je suis né, c'est là qu'est mort mon père.
    Je prétends y mourir aussi.
Le calife, s'il veut, peut me chasser d'ici;
    Il peut détruire ma chaumière;
    Mais, s'il le fait, il me verra
Venir, chaque matin, sur la dernière pierre
    M'asseoir et pleurer ma misère :
Je connois Almamon, son cœur en gémira. »
Cet insolent discours excita la colère
Du vizir, qui vouloit punir ce téméraire
Et sur-le-champ raser sa chétive maison.
    Mais le calife lui dit : « Non,
J'ordonne qu'à mes frais elle soit réparée;
    Ma gloire tient à sa durée :
Je veux que nos neveux, en la considérant,
Y trouvent de mon règne un monument auguste;
En voyant le palais, ils diront : « Il fut grand »;
En voyant la chaumière, ils diront : « Il fut juste. »

IX

LE CHIEN ET LE CHAT

Un chien vendu par son maître
Brisa sa chaîne, et revint
Au logis qui le vit naître.
Jugez de ce qu'il devint
Lorsque, pour prix de son zèle,
Il fut de cette maison
Reconduit par le bâton
Vers sa demeure nouvelle.
Un vieux chat, son compagnon,
Voyant sa surprise extrême,
En passant lui dit ce mot :
« Tu croyois donc, pauvre sot,
Que c'est pour nous qu'on nous aime ? »

X

LES DEUX JARDINIERS

Deux frères jardiniers avoient par héritage
Un jardin dont chacun cultivoit la moitié :
    Liés d'une étroite amitié,
    Ensemble ils faisoient leur ménage.
L'un d'eux, appelé Jean, bel esprit, beau parleur,
    Se croyoit un très grand docteur;
    Et monsieur Jean passoit sa vie
A lire l'almanach, à regarder le temps
    Et la girouette et les vents.
Bientôt, donnant l'essor à son rare génie,
Il voulut découvrir comment d'un pois tout seul
Des milliers de pois peuvent sortir si vite;
    Pourquoi la graine du tilleul,
Qui produit un grand arbre, est pourtant plus petite
Que la fève, qui meurt à deux pieds du terrain;
    Enfin par quel secret mystère
Cette fève, qu'on sème au hasard sur la terre,
    Sait se retourner dans son sein,
Place en bas sa racine et pousse en haut sa tige.
    Tandis qu'il rêve et qu'il s'afflige
De ne point pénétrer ces importants secrets,
    Il n'arrose point son marais;

Ses épinards et sa laitue
Sèchent sur pied ; le vent du nord lui tue
Ses figuiers qu'il ne couvre pas.
Point de fruits au marché, point d'argent dans la bourse ;
Et le pauvre docteur, avec ses almanachs,
N'a que son frère pour ressource.
Celui-ci, dès le grand matin,
Travailloit en chantant quelque joyeux refrain,
Bêchoit, arrosoit tout, du pêcher à l'oseille.
Sur ce qu'il ignoroit sans vouloir discourir,
Il semoit bonnement pour pouvoir recueillir.
Aussi dans son terrain tout venoit à merveille,
Il avoit des écus, des fruits et du plaisir.
Ce fut lui qui nourrit son frère,
Et quand monsieur Jean tout surpris
S'en vint lui demander comment il savoit faire :
« Mon ami, lui dit-il, voici tout le mystère :
Je travaille, et tu réfléchis ;
Lequel rapporte davantage ?
Tu te tourmentes, je jouis ;
Qui de nous deux est le plus sage ? »

XI

LE VACHER ET LE GARDE-CHASSE

Colin gardoit un jour les vaches de son père ;
    Colin n'avoit pas de bergère
Et s'ennuyoit tout seul. Le garde sort du bois.
« Depuis l'aube, dit-il, je cours dans cette plaine
Après un vieux chevreuil que j'ai manqué deux fois,
    Et qui m'a mis tout hors d'haleine.
    — Il vient de passer par là-bas,
Lui répondit Colin ; mais, si vous êtes las,
Reposez-vous, gardez mes vaches à ma place,
    Et j'irai faire votre chasse,
Je réponds du chevreuil. — Ma foi, je le veux bien.
Tiens, voilà mon fusil, prends avec toi mon chien,
    Va le tuer. » Colin s'apprête,
S'arme, appelle Sultan. Sultan, quoiqu'à regret,
    Court avec lui vers la forêt.
Le chien bat les buissons ; il va, vient, sent, arrête ;
Et voilà le chevreuil... Colin impatient
    Tire aussitôt, manque la bête,
    Et blesse le pauvre Sultan.
    A la suite du chien qui crie,
    Colin revient à la prairie.
    Il trouve le garde ronflant :

De vaches point ; elles étaient volées.
Le malheureux Colin, s'arrachant les cheveux,
Parcourt en gémissant les monts et les vallées.
Il ne voit rien. Le soir, sans vaches, tout honteux,
  Colin retourne chez son père,
  Et lui conte en tremblant l'affaire.
Celui-ci, saisissant un bâton de cormier,
Corrige son cher fils de ses folles idées,
  Puis lui dit : « Chacun son métier,
  Les vaches seront bien gardées. »

XII

LA COQUETTE ET L'ABEILLE

Chloé, jeune, jolie, et surtout fort coquette,
  Tous les matins, en se levant,
Se mettoit au travail, j'entends à sa toilette ;
  Et là, souriant, minaudant,
  Elle disoit à son cher confident
Les peines, les plaisirs, les projets de son âme.
Une abeille étourdie arrive en bourdonnant.
« Au secours ! au secours ! crie aussitôt la dame.
Venez, Lise, Marton, accourez promptement ;
Chassez ce monstre ailé. » Le monstre insolemment

Aux lèvres de Chloé se pose.
Chloé s'évanouit, et Marton en fureur
Saisit l'abeille et se dispose
A l'écraser. « Hélas ! lui dit avec douceur
L'insecte malheureux, pardonnez mon erreur :
La bouche de Chloé me semblait une rose,
Et j'ai cru... » Ce seul mot à Chloé rend ses sens !
« Faisons grâce, dit-elle, à son aveu sincère.
D'ailleurs sa piqûre est légère ;
Depuis qu'elle te parle, à peine je la sens. »
Que ne fait-on passer avec un peu d'encens !

XIII

LA MORT

La Mort, reine du monde, assembla, certain jour,
Dans les enfers toute sa cour ;
Elle vouloit choisir un bon premier ministre
Qui rendît ses États encor plus florissants.
Pour remplir cet emploi sinistre,
Du fond du noir Tartare avancent à pas lents
La Fièvre, la Goutte et la Guerre.
C'étoient trois sujets excellents ;
Tout l'enfer et toute la terre

Rendoient justice à leurs talents.
La Mort leur fit accueil. La Peste vint ensuite.
On ne pouvoit nier qu'elle n'eût du mérite,
 Nul n'osoit lui rien disputer,
Lorsque d'un médecin arriva la visite;
Et l'on ne sut alors qui devoit l'emporter :
 La Mort même étoit en balance.
 Mais, les Vices étant venus,
 Dès ce moment la Mort n'hésita plus :
 Elle choisit l'Intempérance.

XIV

LE CHATEAU DE CARTES

Un bon mari, sa femme et deux jolis enfants
Couloient en paix leurs jours dans le simple ermitage
Où, paisibles comme eux, vécurent leurs parents.
Ces époux, partageant les doux soins du ménage,
Cultivoient leur jardin, recueilloient leurs moissons;
Et le soir, dans l'été, soupant sous le feuillage,
 Dans l'hiver, devant leurs tisons,
Ils prêchoient à leurs fils la vertu, la sagesse,
Leur parloient du bonheur qu'ils procurent toujours.
Le père par un conte égayoit ses discours,

   La mère par une caresse.
L'aîné de ces enfants, né grave, studieux,
   Lisoit et méditoit sans cesse ;
Le cadet, vif, léger, mais plein de gentillesse,
Sautoit, rioit toujours, ne se plaisoit qu'aux jeux.
Un soir, selon l'usage, à côté de leur père,
Assis près d'une table ou s'appuyoit la mère,
L'aîné lisoit Rollin ; le cadet, peu soigneux
D'apprendre les hauts faits des Romains ou des Parthes,
Employoit tout son art, toutes ses facultés,
A joindre, à soutenir par les quatre côtés
   Un fragile château de cartes.
Il n'en respiroit pas d'attention, de peur.
   Tout à coup voici le lecteur
Qui s'interrompt. « Papa, dit-il, daigne m'instruire
Pourquoi certains guerriers sont nommés conquérants,
   Et d'autres fondateurs d'empire ;
   Ces deux noms sont-ils différents ? »
Le père méditoit une réponse sage,
Lorsque son fils cadet, transporté de plaisir,
Après tant de travail, d'avoir pu parvenir
   A placer son second étage,
S'écrie : « Il est fini ! » Son frère, murmurant,
Se fâche, et d'un seul coup détruit son long ouvrage ;
   Et voilà le cadet pleurant.
   « Mon fils, répond alors le père,
   Le fondateur c'est votre frère,
   Et vous êtes le conquérant. »

XV

LE LIERRE ET LE THYM

« Que je te plains, petite plante !
Disoit un jour le lierre au thym :
Toujours ramper, c'est ton destin.
Ta tige chétive et tremblante
Sort à peine de terre, et la mienne dans l'air,
Unie au chêne altier que chérit Jupiter,
S'élance avec lui dans la nue.
— Il est vrai, dit le thym, ta hauteur m'est connue,
Je ne puis sur ce point disputer avec toi ;
Mais je me soutiens par moi-même ;
Et sans cet arbre, appui de ta foiblesse extrême,
Tu ramperois plus bas que moi. »
Traducteurs, éditeurs, faiseurs de commentaires,
Qui nous parlez toujours de grec ou de latin
Dans vos discours préliminaires,
Retenez ce que dit le thym.

XVI

LE CHAT ET LA LUNETTE

    Un chat sauvage et grand chasseur
    S'établit, pour faire bombance,
    Dans le parc d'un jeune seigneur
Où lapins et perdrix étoient en abondance.
Là ce nouveau Nemrod, la nuit comme le jour,
A la course, à l'affût également habile,
Poursuivoit, attendoit, immoloit tour à tour
    Et quadrupède et volatile.
Les gardes épioient l'insolent braconnier;
Mais, dans le fort du bois caché près d'un terrier,
    Le drôle trompoit leur adresse.
Cependant il craignoit d'être pris à la fin,
    Et se plaignoit que la vieillesse
    Lui rendît l'œil moins sûr, moins fin.
Ce penser lui causoit souvent de la tristesse,
Lorsqu'un jour il rencontre un petit tuyau noir,
Garni par ses deux bouts de deux glaces bien nettes :
    C'étoit une de ces lunettes
Faites pour l'Opéra que, par hasard, un soir,
Le maître avoit perdue en ce lieu solitaire.
    Le chat d'abord la considère,
La touche de sa griffe, et de l'extrémité

La fait à petits coups rouler sur le côté,
Court après, s'en saisit, l'agite, la remue.
    Étonné que rien n'en sortît,
Il s'avise à la fin d'appliquer à sa vue
Le verre d'un des bouts : c'étoit le plus petit.
Alors il aperçoit sous la verte coudrette
Un lapin que ses yeux tout seuls ne voyoient pas.
« Ah ! quel trésor ! » dit-il en serrant sa lunette,
Et courant au lapin qu'il croit à quatre pas.
Mais il entend du bruit ; il reprend sa machine,
S'en sert par l'autre bout, et voit dans le lointain
    Le garde qui vers lui chemine.
    Pressé par la peur, par la faim,
    Il reste un moment incertain,
Hésite, réfléchit, puis de nouveau regarde ;
Mais toujours le gros bout lui montre loin le garde,
Et le petit tout près lui fait voir le lapin.
Croyant avoir le temps, il va manger la bête ;
Le garde est à vingt pas qui vous l'ajuste au front,
    Lui met deux balles dans la tête,
    Et de sa peau fait un manchon.

    Chacun de nous a sa lunette,
    Qu'il retourne suivant l'objet.
    On voit là-bas ce qui déplaît,
    On voit ici ce qu'on souhaite.

XVII

LE JEUNE HOMME
ET LE VIEILLARD

« De grâce, apprenez-moi comment l'on fait fortune,
Demandoit à son père un jeune ambitieux.
— Il est, dit le vieillard, un chemin glorieux :
C'est de se rendre utile à la cause commune,
De prodiguer ses jours, ses veilles, ses talents,
  Au service de la patrie.
  — Oh ! trop pénible est cette vie ;
  Je veux des moyens moins brillants.
— Il en est de plus sûrs, l'intrigue... — Elle est trop vile.
Sans vice et sans travail je voudrois m'enrichir.
  — Eh bien ! sois un simple imbécile,
  J'en ai vu beaucoup réussir. »

XVIII

LA TAUPE ET LES LAPINS

Chacun de nous souvent connoît bien ses défauts ;
    En convenir, c'est autre chose :
On aime mieux souffrir de véritables maux
    Que d'avouer qu'ils en sont cause.
    Je me souviens, à ce sujet,
    D'avoir été témoin d'un fait
  Fort étonnant et difficile à croire ;
    Mais je l'ai vu : voici l'histoire.

    Près d'un bois, le soir, à l'écart,
    Dans une superbe prairie,
Des lapins s'amusoient, sur l'herbette fleurie,
    A jouer au colin-maillard.
Des lapins ! direz-vous, la chose est impossible.
Rien n'est plus vrai pourtant : une feuille flexible
Sur les yeux de l'un d'eux en bandeau s'appliquoit,
    Et puis sous le cou se nouoit :
    Un instant en faisoit l'affaire.
Celui que ce ruban privoit de la lumière
Se plaçoit au milieu ; les autres alentour
    Sautoient, dansoient, faisoient merveilles,
    S'éloignoient, venoient tour à tour

Tirer sa queue ou ses oreilles.
Le pauvre aveugle alors, se retournant soudain,
Sans craindre pot au noir, jette au hasard la patte,
Mais la troupe échappe à la hâte,
Il ne prend que du vent, il se tourmente en vain,
Il y sera jusqu'à demain.
Une taupe assez étourdie,
Qui sous terre entendit ce bruit,
Sort aussitôt de son réduit
Et se mêle dans la partie.
Vous jugez que, n'y voyant pas,
Elle fut prise au premier pas.
« Messieurs, dit un lapin, ce seroit conscience,
Et la justice veut qu'à notre pauvre sœur
Nous fassions un peu de faveur :
Elle est sans yeux et sans défense.
Ainsi je suis d'avis... — Non, répond avec feu
La taupe, je suis prise, et prise de bon jeu ;
Mettez-moi le bandeau. — Très volontiers, ma chère ;
Le voici ; mais je crois qu'il n'est pas nécessaire
Que nous serrions le nœud bien fort.
— Pardonnez-moi, Monsieur, reprit-elle en colère,
Serrez bien, car j'y vois... Serrez, j'y vois encor. »

XIX

LE ROSSIGNOL ET LE PRINCE

Un jeune prince, avec son gouverneur,
    Se promenoit dans un bocage,
    Et s'ennuyoit, suivant l'usage :
    C'est le profit de la grandeur.
Un rossignol chantoit sous le feuillage :
Le prince l'aperçoit et le trouve charmant ;
Et, comme il étoit prince, il veut, dans le moment,
    L'attraper et le mettre en cage.
    Mais pour le prendre il fait du bruit,
        Et l'oiseau fuit.
« Pourquoi donc, dit alors Son Altesse en colère,
    Le plus aimable des oiseaux
Se tient-il dans les bois, farouche et solitaire,
Tandis que mon palais est rempli de moineaux ?
— C'est, lui dit le mentor, afin de vous instruire
    De ce qu'un jour vous devez éprouver :
    Les sots savent tous se produire ;
Le mérite se cache, il faut l'aller trouver. »

XX

L'AVEUGLE ET LE PARALYTIQUE

   Aidons-nous mutuellement,
La charge des malheurs en sera plus légère ;
   Le bien que l'on fait à son frère
Pour le mal que l'on souffre est un soulagement.
Confucius l'a dit ; suivons tous sa doctrine.
Pour la persuader aux peuples de la Chine,
   Il leur contoit le trait suivant.

   Dans une ville de l'Asie
   Il existoit deux malheureux,
L'un perclus, l'autre aveugle, et pauvres tous les deux.
Ils demandoient au Ciel de terminer leur vie ;
   Mais leurs cris étoient superflus,
Ils ne pouvoient mourir. Notre paralytique,
Couché sur un grabat dans la place publique,
Souffroit sans être plaint : il en souffroit bien plus.
   L'aveugle, à qui tout pouvoit nuire,
   Étoit sans guide, sans soutien,
   Sans avoir même un pauvre chien
   Pour l'aimer et pour le conduire.
   Un certain jour, il arriva
Que l'aveugle à tâtons, au détour d'une rue,

Près du malade se trouva ;
Il entendit ses cris, son âme en fut émue.
Il n'est tel que les malheureux
Pour se plaindre les uns les autres.
« J'ai mes maux, lui dit-il, et vous avez les vôtres :
Unissons-les, mon frère, ils seront moins affreux.
— Hélas ! dit le perclus, vous ignorez, mon frère,
Que je ne puis faire un seul pas ;
Vous-même vous n'y voyez pas :
A quoi nous serviroit d'unir notre misère ?
— A quoi ? répond l'aveugle ; écoutez. A nous deux
Nous possédons le bien à chacun nécessaire :
J'ai des jambes, et vous des yeux.
Moi, je vais vous porter ; vous, vous serez mon guide :
Vos yeux dirigeront mes pas mal assurés ;
Mes jambes, à leur tour, iront où vous voudrez.
Ainsi, sans que jamais notre amitié décide
Qui de nous deux remplit le plus utile emploi,
Je marcherai pour vous, vous y verrez pour moi. »

XXI

PANDORE

Quand Pandore eut reçu la vie,
Chaque dieu de ses dons s'empressa de l'orner.
    Vénus, malgré sa jalousie,
Détacha sa ceinture et vint la lui donner.
Jupiter, admirant cette jeune merveille,
Craignoit pour les humains ses attraits **enchanteurs**;
Vénus rit de sa crainte, et lui dit à l'oreille :
    « Elle blessera bien des cœurs ;
    Mais j'ai caché dans ma ceinture
    Les *caprices* pour affoiblir
    Le mal que fera sa blessure,
    Et les *faveurs* pour en guérir. »

LIVRE DEUXIÈME

I

LA MÈRE, L'ENFANT
ET LES SARIGUES

A Madame de La Briche

Vous de qui les attraits, la modeste douceur,
Savent tout obtenir et n'osent rien prétendre,
Vous que l'on ne peut voir sans devenir plus tendre,
Et qu'on ne peut aimer sans devenir meilleur,
Je vous respecte trop pour parler de vos charmes,
    De vos talents, de votre esprit...
Vous aviez déjà peur : bannissez vos alarmes,
    C'est de vos vertus qu'il s'agit.
Je veux peindre en mes vers des mères le modèle,
Le sarigue, animal peu connu parmi nous,
    Mais dont les soins touchants et doux,
    Dont la tendresse maternelle,

Seront de quelque prix pour vous.
Le fond du conte est véritable ;
Buffon m'en est garant : qui pourroit en douter?
D'ailleurs tout dans ce genre a droit d'être croyable,
Lorsque c'est devant vous qu'on peut le raconter.

« Maman, disoit un jour à la plus tendre mère
Un enfant péruvien sur ses genoux assis,
Quel est cet animal qui dans cette bruyère
Se promène avec ses petits ?
Il ressemble au renard. — Mon fils, répondit-elle,
Du sarigue c'est la femelle :
Nulle mère pour ses enfants
N'eut jamais plus d'amour, plus de soins vigilants.
La nature a voulu seconder sa tendresse,
Et lui fit près de l'estomac
Une poche profonde, une espèce de sac,
Où ses petits, quand un danger les presse,
Vont mettre à couvert leur foiblesse.
Fais du bruit, tu verras ce qu'ils vont devenir. »
L'enfant frappe des mains ; la sarigue attentive
Se dresse, et, d'une voix plaintive,
Jette un cri : les petits aussitôt d'accourir,
Et de s'élancer vers la mère ;
En cherchant dans son sein leur retraite ordinaire.
La poche s'ouvre, les petits
En un moment y sont blottis ;
Ils disparoissent tous : la mère avec vitesse

S'enfuit emportant sa richesse.
La Péruvienne alors dit à l'enfant surpris :
« Si jamais le sort t'est contraire,
Souviens-toi du sarigue, imite-le, mon fils :
L'asile le plus sûr est le sein d'une mère. »

II

LE BONHOMME ET LE TRÉSOR

Un bonhomme de mes parents,
Que j'ai connu dans mon jeune âge,
Se faisoit adorer de tout son voisinage ;
Consulté, vénéré des petits et des grands,
Il vivoit dans sa terre en véritable sage.
Il n'avoit pas beaucoup d'écus,
Mais cependant assez pour vivre dans l'aisance ;
En revanche, force vertus,
Du sens, de l'esprit par-dessus,
Et cette aménité que donne l'innocence.
Quand un pauvre venoit le voir,
S'il avoit de l'argent, il donnoit des pistoles ;
Et, s'il n'en avoit point, du moins par ses paroles
Il lui rendoit un peu de courage et d'espoir.
Il raccommodoit les familles,

Corrigeoit doucement les jeunes étourdis,
      Rioit avec les jeunes filles,
    Et leur trouvoit de bons maris.
   Indulgent aux défauts des autres,
Il répétoit souvent : « N'avons-nous pas les nôtres ?
Ceux-ci sont nés boiteux, ceux-là sont nés bossus,
    L'un un peu moins, l'autre un peu plus :
      La nature de cent manières
Voulut nous affliger : marchons ensemble en paix ;
     Le chemin est assez mauvais
    Sans nous jeter encor des pierres. »
     Or il arriva, certain jour,
Que notre bon vieillard trouva dans une tour
      Un trésor caché sous la terre.
     D'abord il n'y voit qu'un moyen
     De pouvoir faire plus de bien ;
    Il le prend, l'emporte et le serre.
Puis, en réfléchissant, le voilà qui se dit :
« Cet or que j'ai trouvé feroit plus de profit
     Si j'en augmentois mon domaine ;
J'aurois plus de vassaux, je serois plus puissant.
Je peux mieux faire encor : dans la ville prochaine
Achetons une charge, et soyons président.
     Président ! cela vaut la peine.
Je n'ai pas fait mon droit, mais, avec mon argent,
On m'en dispensera, puisque cela s'achète. »
     Tandis qu'il rêve et qu'il projette,
     Sa servante vient l'avertir

Que les jeunes gens du village
Dans la cour du château sont à se divertir :
Le dimanche, c'étoit l'usage,
Le seigneur se plaisoit à danser avec eux.
« Oh! ma foi, répond-il, j'ai bien d'autres affaires ;
Que l'on danse sans moi. » L'esprit plein de chimères,
Il s'enferme tout seul pour se tourmenter mieux.
Ensuite il va joindre à sa somme
Un petit sac d'argent, reste du mois dernier.
Dans l'instant arrive un pauvre homme
Qui, tout en pleurs, vient le prier
De vouloir lui prêter vingt écus pour sa taille.
« Le collecteur, dit-il, va me mettre en prison,
Et n'a laissé dans ma maison
Que six enfants sur de la paille. »
Notre nouveau Crésus lui répond durement
Qu'il n'est point en argent comptant.
Le pauvre malheureux le regarde, soupire,
Et s'en retourne sans mot dire.
Mais il n'étoit pas loin, que notre bon seigneur
Retrouve tout à coup son cœur :
Il court au paysan, l'embrasse,
De cent écus lui fait le don,
Et lui demande encor pardon.
Ensuite il fait crier que sur la grande place
Le village assemblé se rende dans l'instant.
On obéit ; notre bonhomme
Arrive avec toute sa somme,

Fables de Florian.

En un seul monceau la répand.
« Mes amis, leur dit-il, vous voyez cet argent :
Depuis qu'il m'appartient je ne suis plus le même ;
Mon âme est endurcie, et la voix du malheur
  N'arrive plus jusqu'à mon cœur.
Mes enfants, sauvez-moi de ce péril extrême :
Prenez et partagez ce dangereux métal ;
Emportez votre part chacun dans votre asile :
Entre tous divisé, cet or peut être utile ;
Réuni chez un seul, il ne fait que du mal. »

  Soyons contents du nécessaire,
Sans jamais souhaiter de trésors superflus :
Il faut les redouter autant que la misère,
  Comme elle ils chassent les vertus.

III

LE VIEUX ARBRE

ET LE JARDINIER

  Un jardinier dans son jardin
   Avoit un vieux arbre stérile ;
C'étoit un grand poirier, qui jadis fut fertile ;
Mais il avoit vieilli, tel est notre destin.

Le jardinier ingrat veut l'abattre un matin ;
    Le voilà qui prend sa cognée.
    Au premier coup l'arbre lui dit :
« Respecte mon grand âge, et souviens-toi du fruit
    Que je t'ai donné chaque année.
La mort va me saisir, je n'ai plus qu'un instant ;
    N'assassine pas un mourant
Qui fut ton bienfaiteur. — Je te coupe avec peine,
Répond le jardinier ; mais j'ai besoin de bois. »
    Alors, gazouillant à la fois,
    De rossignols une centaine
S'écrie : « Épargne-le, nous n'avons plus que lui.
Lorsque ta femme vient s'asseoir sous son ombrage,
Nous la réjouissons par notre doux ramage ;
Elle est seule souvent, nous charmons son ennui. »
Le jardinier les chasse et rit de leur requête ;
Il frappe un second coup. D'abeilles un essaim
Sort aussitôt du tronc, en lui disant : « Arrête,
    Écoute-nous, homme inhumain :
    Si tu nous laisses cet asile,
    Chaque jour nous te donnerons
Un miel délicieux, dont tu peux à la ville
    Porter et vendre les rayons ;
Cela te touche-t-il ? — J'en pleure de tendresse,
    Répond l'avare jardinier :
Eh ! que ne dois-je pas à ce pauvre poirier
    Qui m'a nourri dans sa jeunesse ?
Ma femme quelquefois vient ouïr ces oiseaux ;

C'en est assez pour moi : qu'ils chantent en repos.
Et vous qui daignerez augmenter mon aisance,
Je veux pour vous de fleurs semer tout ce canton. »
Cela dit, il s'en va, sûr de sa récompense,
  Et laisse vivre le vieux tronc.
  Comptez sur la reconnoissance
  Quand l'intérêt vous en répond.

IV

LA BREBIS ET LE CHIEN

La brebis et le chien, de tous les temps amis,
Se racontoient un jour leur vie infortunée.
« Ah ! disoit la brebis, je pleure et je frémis
Quand je songe aux malheurs de notre destinée.
Toi, l'esclave de l'homme, adorant des ingrats,
  Toujours soumis, tendre et fidèle,
  Tu reçois, pour prix de ton zèle,
  Des coups, et souvent le trépas.
  Moi, qui tous les ans les habille,
Qui leur donne du lait et qui fume leurs champs,
Je vois chaque matin quelqu'un de ma famille
  Assassiné par ces méchants.
Leurs confrères les loups dévorent ce qui reste.

> Victimes de ces inhumains,
> Travailler pour eux seuls et mourir par leurs mains,
> Voilà notre destin funeste !
> — Il est vrai, dit le chien ; mais crois-tu plus heureux
> Les auteurs de notre misère ?
> Va, ma sœur, il vaut encor mieux
> Souffrir le mal que de le faire. »

V

LE TROUPEAU DE COLAS

Dès la pointe du jour, sortant de son hameau,
Colas, jeune pasteur d'un assez beau troupeau,
    Le conduisoit au pâturage.
    Sur sa route, il trouve un ruisseau
Que, la nuit précédente, un effroyable orage
Avoit rendu torrent ; comment passer cette eau ?
Chien, brebis et berger, tout s'arrête au rivage.
En faisant un circuit l'on eût gagné le pont ;
C'étoit bien le plus sûr, mais c'étoit le plus long.
Colas veut abréger. D'abord il considère
    Qu'il peut franchir cette rivière ;
    Et, comme ses béliers sont forts,
    Il conclut que, sans grands efforts,

Le troupeau sautera. Cela dit, il s'élance ;
Son chien saute après lui ; béliers d'entrer en danse
    A qui mieux mieux : courage, allons !
    Après les béliers, les moutons ;
Tout est en l'air, tout saute ; et Colas les excite
    En s'applaudissant du moyen.
Les béliers, les moutons, sautèrent assez bien ;
    Mais les brebis vinrent ensuite,
Les agneaux, les vieillards, les foibles, les peureux,
    Les mutins, corps toujours nombreux,
Qui refusoient le saut ou sautoient de colère,
    Et, soit foiblesse, soit dépit,
    Se laissoient choir dans la rivière.
Il s'en noya le quart ; un autre quart s'enfuit,
    Et sous la dent du loup périt.
    Colas, réduit à la misère,
S'aperçut, mais trop tard, que pour un bon pasteur
    Le plus court n'est pas le meilleur.

VI

LES DEUX CHATS

Deux chats qui descendoient du fameux Rodilard,
Et dignes tous les deux de leur noble origine,
Différoient d'embonpoint. L'un étoit gras à lard ;
  C'étoit l'aîné : sous son hermine,
  D'un chanoine il avoit la mine,
Tant il étoit dodu, potelé, frais et beau.
  Le cadet n'avoit que la peau
  Collée à sa tranchante échine.
Cependant ce cadet, du matin jusqu'au soir,
  De la cave à la gouttière
  Trottoit, couroit, il falloit voir !
  Sans en faire meilleure chère.
  Enfin, un jour, au désespoir,
  Il tint ce discours à son frère :
  « Explique-moi par quel moyen,
  Passant ta vie à ne rien faire,
Moi travaillant toujours, on te nourrit si bien,
  Et moi si mal. — La chose est claire,
Lui répondit l'aîné : tu cours tout le logis
Pour manger rarement quelque maigre souris...
—N'est-ce pas mon devoir ?—D'accord, cela peut être ;
  Mais moi, je reste auprès du maître,

Je sais l'amuser par mes tours.
Admis à ses repas, sans qu'il me réprimande,
Je prends de bons morceaux, et puis je les demande
    En faisant patte de velours ;
    Tandis que toi, pauvre imbécile,
    Tu ne sais rien que le servir.
    Va, le secret de réussir,
C'est d'être adroit, non d'être utile. »

VII

LE SINGE

QUI MONTRE LA LANTERNE MAGIQUE

Messieurs les beaux esprits, dont la prose et les vers
Sont d'un style pompeux et toujours admirable,
Mais que l'on n'entend point, écoutez cette fable,
    Et tâchez de devenir clairs.

Un homme qui montroit la lanterne magique
    Avoit un singe dont les tours
    Attiroient chez lui grand concours.
Jacqueau, c'étoit son nom, sur la corde élastique
    Dansoit et voltigeoit au mieux,

Puis faisoit le saut périlleux,
Et puis sur un cordon, sans que rien le soutienne,
Le corps droit, fixe, d'aplomb,
Notre Jacqueau fait tout du long
L'exercice à la prussienne.
Un jour qu'au cabaret son maître étoit resté
(C'étoit, je pense, un jour de fête),
Notre singe en liberté
Veut faire un coup de sa tête.
Il s'en va rassembler les divers animaux
Qu'il peut rencontrer dans la ville :
Chiens, chats, poulets, dindons, pourceaux,
Arrivent bientôt à la file.
« Entrez, entrez, Messieurs, crioit notre Jacqueau ;
C'est ici, c'est ici qu'un spectacle nouveau
Vous charmera gratis. Oui, Messieurs, à la porte
On ne prend point d'argent, je fais tout pour l'honneur. »
A ces mots, chaque spectateur
Va se placer, et l'on apporte
La lanterne magique ; on ferme les volets ;
Et, par un discours fait exprès,
Jacqueau prépare l'auditoire.
Ce morceau vraiment oratoire
Fit bâiller ; mais on applaudit.
Content de son succès, notre singe saisit
Un verre peint qu'il met dans sa lanterne.
Il sait comment on le gouverne,
Et crie en le poussant : « Est-il rien de pareil ?

Messieurs, vous voyez le soleil,
Ses rayons et toute sa gloire.
Voici présentement la lune ; et puis l'histoire
D'Adam, d'Ève et des animaux...
Voyez, Messieurs, comme ils sont beaux !
Voyez la naissance du monde ;
Voyez... » Les spectateurs, dans une nuit profonde,
Écarquilloient leurs yeux et ne pouvoient rien voir :
L'appartement, le mur, tout étoit noir.
« Ma foi, disoit un chat, de toutes les merveilles
Dont il étourdit nos oreilles,
Le fait est que je ne vois rien.
— Ni moi non plus, disoit un chien.
— Moi, disoit un dindon, je vois bien quelque chose,
Mais je ne sais pour quelle cause
Je ne distingue pas très bien. »
Pendant tous ces discours, le Cicéron moderne
Parloit éloquemment et ne se lassoit point.
Il n'avoit oublié qu'un point :
C'étoit d'éclairer sa lanterne.

VIII

L'ENFANT ET LE MIROIR

Un enfant élevé dans un pauvre village
Revint chez ses parents, et fut surpris d'y voir
            Un miroir.
        D'abord il aima son image;
Et puis, par un travers bien digne d'un enfant,
        Et même d'un être plus grand,
            Il veut outrager ce qu'il aime,
Lui fait une grimace, et le miroir la rend.
        Alors son dépit est extrême :
            Il lui montre un poing menaçant;
            Il se voit menacé de même.
Notre marmot fâché s'en vient, en frémissant,
        Battre cette image insolente;
Il se fait mal aux mains. Sa colère en augmente;
        Et, furieux, au désespoir,
        Le voilà, devant ce miroir,
        Criant, pleurant, frappant la glace.
Sa mère, qui survient, le console, l'embrasse,
    Tarit ses pleurs, et doucement lui dit :
« N'as-tu pas commencé par faire la grimace
A ce méchant enfant qui cause ton dépit?
— Oui. — Regarde à présent : tu souris, il sourit;

Tu tends vers lui les bras, il te les tend de même;
Tu n'es plus en colère, il ne se fâche plus.
De la société tu vois ici l'emblème :
  Le bien, le mal, nous sont rendus. »

IX

LE BOUVREUIL ET LE CORBEAU

Un bouvreuil, un corbeau, chacun dans une cage,
  Habitoient le même logis.
  L'un enchantoit par son ramage
La femme, le mari, les gens, tout le ménage;
L'autre les fatiguoit sans cesse de ses cris;
Il demandoit du pain, du rôti, du fromage,
  Qu'on se pressoit de lui porter
  Afin qu'il voulût bien se taire.
Le timide bouvreuil ne faisoit que chanter,
Et ne demandoit rien : aussi, pour l'ordinaire,
  On l'oublioit; le pauvre oiseau
  Manquoit souvent de grain et d'eau.
Ceux qui louoient le plus de son chant l'harmonie
  N'auroient pas fait le moindre pas
  Pour voir si l'auge étoit remplie.
Ils l'aimoient bien pourtant, mais ils n'y pensoient pas.

Un jour on le trouva mort de faim dans sa cage.
« Ah! quel malheur! dit-on : las! il chantoit si bien!
De quoi donc est-il mort? Certes, c'est grand dommage. »
Le corbeau crie encore, et ne manque de rien.

X

LE CHEVAL ET LE POULAIN

Un bon père cheval, veuf et n'ayant qu'un fils,
    L'élevoit dans un pâturage
    Où les eaux, les fleurs et l'ombrage
Présentoient à la fois tous les biens réunis.
Abusant pour jouir, comme on fait à cet âge,
Le poulain tous les jours se gorgeoit de sainfoin,
    Se vautroit dans l'herbe fleurie,
Galopoit sans objet, se baignoit sans envie,
    Ou se reposoit sans besoin.
Oisif et gras à lard, le jeune solitaire
S'ennuya, se lassa de ne manquer de rien ;
Le dégoût vint bientôt. Il va trouver son père.
« Depuis longtemps, dit-il, je ne me sens pas bien :
    Cette herbe est malsaine et me tue,
Ce trèfle est sans saveur, cette onde est corrompue,
L'air qu'on respire ici m'attaque les poumons ;

Bref, je meurs si nous ne partons.
— Mon fils, répond le père, il s'agit de ta vie ;
A l'instant même il faut partir. »
Sitôt dit, sitôt fait ; ils quittent leur patrie.
Le jeune voyageur bondissoit de plaisir ;
Le vieillard, moins joyeux, alloit un train plus sage,
Mais il guidoit l'enfant, et le faisoit gravir
Sur des monts escarpés, arides, sans herbage,
Où rien ne pouvoit le nourrir.
Le soir vint, point de pâturage ;
On s'en passa. Le lendemain,
Comme l'on commençoit à souffrir de la faim,
On prit du bout des dents une ronce sauvage.
On ne galopa plus le reste du voyage ;
A peine, après deux jours, alloit-on même au pas.
Jugeant alors la leçon faite,
Le père va reprendre une route secrète
Que son fils ne connoissoit pas,
Et le ramène à sa prairie
Au milieu de la nuit. Dès que notre poulain
Retrouve un peu d'herbe fleurie,
Il se jette dessus. « Ah ! l'excellent festin,
La bonne herbe ! dit-il, comme elle est douce et tendre !
Mon père, il ne faut pas s'attendre
Que nous puissions rencontrer mieux ;
Fixons-nous pour jamais dans ces aimables lieux :
Quel pays peut valoir cet asile champêtre ? »
Comme il parloit ainsi, le jour vint à paroître.

Le poulain reconnoît le pré qu'il a quitté :
Il demeure confus. Le père avec bonté
Lui dit : « Mon cher enfant, retiens cette maxime :
Quiconque jouit trop est bientôt dégoûté;
    Il faut au bonheur du régime. »

XI

L'ÉLÉPHANT BLANC

    Dans certains pays de l'Asie
    On révère les éléphants,
        Surtout les blancs.
    Un palais est leur écurie,
    On les sert dans des vases d'or;
Tout homme à leur aspect s'incline vers la terre,
    Et les peuples se font la guerre
    Pour s'enlever ce beau trésor.
Un de ces éléphants, grand penseur, bonne tête,
Voulut savoir un jour d'un de ses conducteurs
    Ce qui lui valoit tant d'honneurs,
Puisqu'au fond, comme un autre, il n'étoit qu'une bête.
« Ah! répond le cornac, c'est trop d'humilité;
    L'on connoît votre dignité,
Et toute l'Inde sait qu'au sortir de la vie

Les âmes des héros qu'a chéris la patrie
      S'en vont habiter quelque temps
      Dans les corps des éléphants blancs.
Nos talapoins l'ont dit, ainsi la chose est sûre.
      — Quoi ! vous nous croyez des héros ?
— Sans doute. — Et sans cela nous serions en repos,
Jouissant dans les bois des biens de la nature ?
— Oui, Seigneur. — Mon ami, laisse-moi donc partir :
      Car on t'a trompé, je t'assure ;
      Et, si tu veux y réfléchir,
      Tu verras bientôt l'imposture :
      Nous sommes fiers et caressants ;
      Modérés quoique tout-puissants ;
      On ne nous voit point faire injure
A plus foible que nous ; l'amour dans notre cœur
      Reçoit des lois de la pudeur ;
      Malgré la faveur où nous sommes,
Les honneurs n'ont jamais altéré nos vertus :
      Quelles preuves faut-il de plus ?
      Comment nous croyez-vous des hommes ? »

XII

LE PHÉNIX

Le phénix, venant d'Arabie,
Dans nos bois parut un beau jour.
Grand bruit chez les oiseaux ; leur troupe réunie
Vole pour lui faire sa cour.
Chacun l'observe, l'examine :
Son plumage, sa voix, son chant mélodieux,
Tout est beauté, grâce divine,
Tout charme l'oreille et les yeux.
Pour la première fois on vit céder l'envie
Au besoin de louer et d'aimer son vainqueur.
Le rossignol disoit : « Jamais tant de douceur
N'enchanta mon âme ravie.
— Jamais, disoit le paon, de plus belles couleurs
N'ont eu cet éclat que j'admire ;
Il éblouit mes yeux et toujours les attire. »
Les autres répétoient ces éloges flatteurs,
Vantoient le privilège unique
De ce roi des oiseaux, de cet enfant du ciel,
Qui, vieux, sur un bûcher de cèdre aromatique
Se consume lui-même, et renaît immortel.
Pendant tous ces discours la seule tourterelle,
Sans rien dire, fit un soupir.

Fables de Florian.

Son époux, la poussant de l'aile,
Lui demande d'où peut venir
Sa rêverie et sa tristesse :
« De cet heureux oiseau désires-tu le sort ?
— Moi ! mon ami, je le plains fort ;
Il est le seul de son espèce. »

XIII

LA PIE ET LA COLOMBE

Une colombe avoit son nid
Tout auprès du nid d'une pie :
Cela s'appelle avoir mauvaise compagnie.
D'accord ; mais de ce point pour l'heure il ne s'agit.
Au logis de la tourterelle
Ce n'étoit qu'amour et bonheur ;
Dans l'autre nid toujours querelle,
Œufs cassés, tapage et rumeur.
Lorsque par son époux la pie étoit battue,
Chez sa voisine elle venoit,
Là, jasoit, crioit, se plaignoit,
Et faisoit la longue revue
Des défauts de son cher époux :
« Il est fier, exigeant, dur, emporté, jaloux ;

De plus, je sais fort bien qu'il va voir des corneilles » ;
    Et cent autres choses pareilles
    Qu'elle disoit dans son courroux.
  « Mais vous, répond la tourterelle,
Êtes-vous sans défauts ? — Non, j'en ai, lui dit-elle ;
    Je vous le confie entre nous :
En conduite, en propos, je suis assez légère,
Coquette comme on l'est, parfois un peu colère,
Et me plaisant souvent à le faire enrager;
Mais qu'est-ce que cela?—C'est beaucoup trop, ma chère.
    Commencez par vous corriger,
Votre humeur peut l'aigrir... — Qu'appelez-vous, ma mie?
    Interrompt aussitôt la pie :
Moi, de l'humeur ! Comment ! je vous conte mes maux,
Et vous m'injuriez ! Je vous trouve plaisante !
    Adieu, petite impertinente;
    Mêlez-vous de vos tourtereaux. »

    Nous convenons de nos défauts,
    Mais c'est pour que l'on nous démente.

XIV

L'ÉDUCATION DU LION

Enfin le roi lion venoit d'avoir un fils ;
Partout, dans ses États, on se livroit en proie
Aux transports éclatants d'une bruyante joie :
  Les rois heureux ont tant d'amis !
  Sire lion, monarque sage,
Songeoit à confier son enfant bien-aimé
Aux soins d'un gouverneur vertueux, estimé,
Sous qui le lionceau fît son apprentissage.
  Vous jugez qu'un choix pareil
  Est d'assez grande importance
  Pour que longtemps on y pense.
Le monarque indécis assemble son conseil :
  En peu de mots il expose
Le point dont il s'agit, et supplie instamment
Chacun des conseillers de nommer franchement
Celui qu'en conscience il croit propre à la chose.
Le tigre se leva. « Sire, dit-il, les rois
  N'ont de grandeur que par la guerre ;
Il faut que votre fils soit l'effroi de la terre :
  Faites donc tomber votre choix
  Sur le guerrier le plus terrible,
Le plus craint, après vous, des hôtes de ces bois :

Votre fils saura tout, s'il sait être invincible. »
L'ours fut de cet avis; il ajouta pourtant
  Qu'il falloit un guerrier prudent,
Un animal de poids, de qui l'expérience
Du jeune lionceau sût régler la vaillance
  Et mettre à profit ses exploits.
  Après l'ours, le renard s'explique,
  Et soutient que la politique
  Est le premier talent des rois;
Qu'il faut donc un mentor d'une finesse extrême
Pour instruire le prince et pour le bien former.
  Ainsi chacun, sans se nommer,
  Clairement s'indiqua soi-même :
De semblables conseils sont communs à la cour.
  Enfin le chien parle à son tour.
« Sire, dit-il, je sais qu'il faut faire la guerre,
Mais je crois qu'un bon roi ne la fait qu'à regret ;
  L'art de tromper ne me plaît guère :
  Je connois un plus beau secret
Pour rendre heureux l'État, pour en être le père,
Pour tenir ses sujets, sans trop les alarmer,
  Dans une dépendance entière :
  Ce secret, c'est de les aimer.
Voilà, pour bien régner, la science suprême;
Et, si vous désirez la voir dans votre fils,
  Sire, montrez-la-lui vous-même. »
Tout le conseil resta muet à cet avis.
Le lion court au chien : « Ami, je te confie

Le bonheur de l'État et celui de ma vie ;
Prends mon fils, sois son maître, et, loin de tout flatteur,
    S'il se peut, va former son cœur. »
Il dit, et le chien part avec le jeune prince.
D'abord à son pupille il persuade bien
Qu'il n'est point lionceau, qu'il n'est qu'un pauvre chien,
Son parent éloigné. De province en province
Il le fait voyager, montrant à ses regards
Les abus du pouvoir, des peuples la misère,
Les lièvres, les lapins, mangés par les renards,
Les moutons par les loups, les cerfs par la panthère,
    Partout le foible terrassé,
    Le bœuf travaillant sans salaire,
    Et le singe récompensé.
Le jeune lionceau frémissoit de colère.
« Mon père, disoit-il, de pareils attentats
Sont-ils connus du roi ? — Comment pourroient-ils l'être ?
Disoit le chien : les grands approchent seuls du maître,
    Et les mangés ne parlent pas. »
Ainsi, sans raisonner de vertu, de prudence,
Notre jeune lion devenoit tous les jours
Vertueux et prudent : car c'est l'expérience
    Qui corrige, et non les discours.
A cette bonne école il acquit, avec l'âge,
    Sagesse, esprit, force et raison.
    Que lui falloit-il davantage ?
Il ignoroit pourtant encor qu'il fût lion,
Lorsqu'un jour qu'il parloit de sa reconnoissance

A son maître, à son bienfaiteur,
Un tigre furieux, d'une énorme grandeur,
Paroissant tout à coup, contre le chien s'avance.
　　Le lionceau, plus prompt, s'élance,
Il hérisse ses crins, il rugit de fureur,
Bat ses flancs de sa queue ; et ses griffes sanglantes
Ont bientôt dispersé les entrailles fumantes
　　De son redoutable ennemi.
A peine il est vainqueur qu'il court à son ami :
« Oh ! quel bonheur pour moi d'avoir sauvé ta vie !
　　Mais quel est mon étonnement !
Sais-tu que l'amitié, dans cet heureux moment,
M'a donné d'un lion la force et la furie ?
— Vous l'êtes, mon cher fils, oui, vous êtes mon roi,
　　Dit le chien tout baigné de larmes.
Le voilà donc venu, ce moment plein de charmes,
Où, vous rendant enfin tout ce que je vous dois,
Je peux vous dévoiler un important mystère !
Retournons à la cour, mes travaux sont finis.
Cher prince, malgré moi cependant je gémis,
Je pleure : pardonnez, tout l'État trouve un père,
　　Et moi, je vais perdre mon fils. »

XV

LE GRILLON

    Un pauvre petit grillon
    Caché dans l'herbe fleurie
    Regardoit un papillon
    Voltigeant dans la prairie.
L'insecte ailé brilloit des plus vives couleurs :
L'azur, le pourpre et l'or éclatoient sur ses ailes.
Jeune, beau, petit-maître, il court de fleurs en fleurs,
    Prenant et quittant les plus belles.
« Ah ! disoit le grillon, que son sort et le mien
    Sont différents ! Dame nature
    Pour lui fit tout, et pour moi rien.
Je n'ai point de talent, encor moins de figure ;
Nul ne prend garde à moi, l'on m'ignore ici-bas !
    Autant vaudroit n'exister pas. »
    Comme il parloit, dans la prairie
    Arrive une troupe d'enfants.
    Aussitôt les voilà courants
Après ce papillon dont ils ont tous envie :
Chapeaux, mouchoirs, bonnets, servent à l'attraper.
L'insecte vainement cherche à leur échapper,
    Il devient bientôt leur conquête.
L'un le saisit par l'aile, un autre par le corps ;
Un troisième survient, et le prend par la tête :

Il ne falloit pas tant d'efforts
Pour déchirer la pauvre bête.
« Oh, oh! dit le grillon, je ne suis plus fâché;
Il en coûte trop cher pour briller dans le monde.
Combien je vais aimer ma retraite profonde! »
Pour vivre heureux, vivons caché.

XVI

LE DANSEUR DE CORDE
ET LE BALANCIER

Sur la corde tendue un jeune voltigeur
Apprenoit à danser; et déjà son adresse,
    Ses tours de force, de souplesse,
    Faisoient venir maint spectateur.
Sur son étroit chemin on le voit qui s'avance,
Le balancier en main, l'air libre, le corps droit,
    Hardi, léger autant qu'adroit;
Il s'élève, descend, va, vient, plus haut s'élance,
    Retombe, remonte en cadence,
    Et, semblable à certains oiseaux
Qui rasent en volant la surface des eaux,
    Son pied touche, sans qu'on le voie,

A la corde qui plie et dans l'air le renvoie.
Notre jeune danseur, tout fier de son talent,
Dit un jour : « A quoi bon ce balancier pesant
      Qui me fatigue et m'embarrasse ?
Si je dansois sans lui, j'aurois bien plus de grâce,
      De force et de légèreté. »
Aussitôt fait que dit. Le balancier jeté,
Notre étourdi chancelle, étend les bras et tombe.
Il se casse le nez, et tout le monde en rit.

Jeunes gens, jeunes gens, ne vous a-t-on pas dit
Que sans règle et sans frein tôt ou tard on succombe ?
La vertu, la raison, les lois, l'autorité,
Dans vos désirs fougueux vous causent quelque peine.
      C'est le balancier qui vous gêne,
      Mais qui fait votre sûreté.

XVII

LA JEUNE POULE
ET LE VIEUX RENARD

Une poulette jeune et sans expérience,
      En trottant, cloquetant, grattant,
      Se trouva, je ne sais comment,

Fort loin du poulailler berceau de son enfance.
Elle s'en aperçut qu'il étoit déjà tard ;
Comme elle y retournoit, voici qu'un vieux renard
      A ses yeux troublés se présente.
      La pauvre poulette tremblante
      Recommanda son âme à Dieu.
      Mais le renard, s'approchant d'elle,
      Lui dit : « Hélas ! Mademoiselle,
      Votre frayeur m'étonne peu ;
      C'est la faute de mes confrères,
Gens de sac et de corde, infâmes ravisseurs
      Dont les appétits sanguinaires
      Ont rempli la terre d'horreurs.
Je ne puis les changer ; mais du moins je travaille
      A préserver par mes conseils
      L'innocente et foible volaille
      Des attentats de mes pareils.
Je ne me trouve heureux qu'en me rendant utile ;
Et j'allois de ce pas jusque dans votre asile
Pour avertir vos sœurs qu'il court un mauvais bruit :
C'est qu'un certain renard, méchant autant qu'habile,
      Doit vous attaquer cette nuit.
Je viens veiller pour vous. » La crédule innocente
      Vers le poulailler le conduit.
      A peine est-il dans ce réduit
Qu'il tue, étrangle, égorge, et sa griffe sanglante
Entasse les mourants sur la terre étendus
Comme fit Diomède au quartier de Rhésus.

Il croqua tout, grandes, petites,
Coqs, poulets et chapons; tout périt sous ses dents.

La pire espèce de méchants
Est celle des vieux hypocrites.

XVIII

LES DEUX PERSANS

Cette pauvre raison, dont l'homme est si jaloux,
N'est qu'un pâle flambeau qui jette autour de nous
    Une triste et foible lumière;
Par delà, c'est la nuit. Le mortel téméraire
Qui veut y pénétrer marche sans savoir où.
Mais ne point profiter de ce bienfait suprême,
Éteindre son esprit et s'aveugler soi-même,
    C'est un autre excès non moins fou.

En Perse il fut jadis deux frères,
Adorant le soleil suivant l'antique loi.
    L'un d'eux, chancelant dans sa foi,
    N'estimant rien que ses chimères,
Prétendoit méditer, connoître, approfondir
    De son dieu la sublime essence;

Et du matin au soir, afin d'y parvenir,
L'œil toujours attaché sur l'astre qu'il encense,
Il vouloit expliquer le secret de ses feux.
Le pauvre philosophe y perdit les deux yeux,
Et dès lors du soleil il nia l'existence.
  L'autre étoit crédule et bigot :
   Effrayé du sort de son frère,
Il y vit de l'esprit l'abus trop ordinaire,
Et mit tous ses efforts à devenir un sot.
On vient à bout de tout ; le pauvre solitaire
   Avoit peu de chemin à faire :
   Il fut content de lui bientôt.
Mais, de peur d'offenser l'astre qui nous éclaire
En portant jusqu'à lui des regards indiscrets,
  Il se fit un trou sous la terre,
Et condamna ses yeux à ne le voir jamais.
Humains, pauvres humains, jouissez des bienfaits
D'un Dieu que vainement la raison veut comprendre,
Mais que l'on voit partout, mais qui parle à nos cœurs.
Sans vouloir deviner ce qu'on ne peut apprendre,
Sans rejeter les dons que sa main sait répandre,
Employons notre esprit à devenir meilleurs.
Nos vertus au Très-Haut sont le plus digne hommage,
  Et l'homme juste est le seul sage.

XIX

MYSON

Myson fut connu dans la Grèce
Par son amour pour la sagesse;
Pauvre, libre, content, sans soins, sans embarras,
Il vivoit dans les bois, seul, méditant sans cesse,
Et parfois riant aux éclats.
Un jour, deux Grecs vinrent lui dire :
« De ta gaîté, Myson, nous sommes tous surpris :
Tu vis seul; comment peux-tu rire ?
— Vraiment, répondit-il, voilà pourquoi je ris. »

LIVRE TROISIÈME

I

LES SINGES ET LE LÉOPARD

Des singes dans un bois jouoient à la main chaude ;
    Certaine guenon moricaude,
Assise gravement, tenoit sur ses genoux
La tête de celui qui, courbant son échine,
    Sur sa main recevoit les coups.
    On frappoit fort, et puis devine !
Il ne devinoit point : c'étoient alors des ris,
    Des sauts, des gambades, des cris.
Attiré par le bruit du fond de sa tanière,
Un jeune léopard, prince assez débonnaire,
Se présente au milieu de nos singes joyeux.
Tout tremble à son aspect. « Continuez vos jeux,
Leur dit le léopard, je n'en veux à personne :
    Rassurez-vous, j'ai l'âme bonne ;

Et je viens même ici, comme particulier,
    A vos plaisirs m'associer.
    Jouons, je suis de la partie.
    — Ah ! Monseigneur, quelle bonté !
Quoi ! Votre Altesse veut, quittant sa dignité,
Descendre jusqu'à nous ? — Oui, c'est ma fantaisie.
Mon Altesse eut toujours de la philosophie,
    Et sait que tous les animaux
        Sont égaux.
Jouons donc, mes amis, jouons, je vous en prie. »
Les singes enchantés crurent à ce discours,
    Comme l'on y croira toujours.
    Toute la troupe joviale
Se remet à jouer : l'un d'entre eux tend la main ;
    Le léopard frappe, et soudain
On voit couler du sang sous la griffe royale.
Le singe cette fois devina qui frappoit ;
    Mais il s'en alla sans le dire.
    Ses compagnons faisoient semblant de rire,
    Et le léopard seul rioit.
Bientôt chacun s'excuse et s'échappe à la hâte,
    En se disant entre leurs dents :
    « Ne jouons point avec les grands,
Le plus doux a toujours des griffes à la patte. »

II

L'INONDATION

Des laboureurs vivoient paisibles et contents
    Dans un riche et nombreux village ;
Dès l'aurore ils alloient travailler à leurs champs,
    Le soir ils revenaient chantants
    Au sein d'un tranquille ménage,
    Et la nature, bonne et sage,
Pour prix de leurs travaux leur donnoit tous les ans
    De beaux blés et de beaux enfants.
Mais il faut bien souffrir ; c'est notre destinée.
    Or il arriva qu'une année,
    Dans le mois où le blond Phébus
S'en va faire visite au brûlant Sirius,
    La terre, de sucs épuisée,
    Ouvrant de toutes parts son sein,
    Haletoit sous un ciel d'airain.
    Point de pluie et point de rosée.
Sur un sol crevassé l'on voit noircir le grain ;
Les épis sont brûlés, et leurs têtes penchées
    Tombent sur leurs tiges séchees.
    On trembla de mourir de faim.
La commune s'assemble ; en hâte on délibère ;
    Et chacun, comme à l'ordinaire,

Parle beaucoup et rien ne dit.
Enfin quelques vieillards, gens de sens et d'esprit,
Proposèrent un parti sage.
« Mes amis, dirent-ils, d'ici vous pouvez voir
Ce mont peu distant du village :
Là se trouve un grand lac, immense réservoir
Des souterraines eaux qui s'y font un passage.
Allez saigner ce lac ; mais sachez ménager
Un petit nombre de saignées,
Afin qu'à votre gré vous puissiez diriger
Ces bienfaisantes eaux dans vos terres baignées.
Juste quand il faudra nous les arrêterons.
Prenez bien garde au moins !...—Oui, oui ; courons,
S'écrie aussitôt l'assemblée. [courons »,
Et voilà mille jeunes gens,
Armés d'hoyaux, de pics et d'autres instruments,
Qui volent vers le lac : la terre est travaillée
Tout autour de ses bords ; on perce en cent endroits
A la fois ;
D'un morceau de terrain chaque ouvrier se charge.
« Courage, allons ! point de repos !
L'ouverture jamais ne peut être assez large. »
Cela fut bientôt fait. Avant la nuit, les eaux,
Tombant de tout leur poids sur leur digue affoiblie,
De partout roulent à grands flots.
Transports et compliments de la troupe ébahie,
Qui s'admire dans ses travaux.
Le lendemain matin ce ne fut pas de même :

On voit flotter les blés sur un océan d'eau ;
Pour sortir du village il faut prendre un bateau ;
Tout est perdu, noyé. La douleur est extrême ;
On s'en prend aux vieillards. « C'est vous, leur disoit-on,
   Qui nous coûtez notre moisson :
Votre maudit conseil... — Il étoit salutaire,
Répondit un d'entre eux, mais ce qu'on vient de faire
Est fort loin du conseil comme de la raison.
Nous voulions un peu d'eau, vous nous lâchez la bonde.
L'excès d'un très grand bien devient un mal très grand :
  Le sage arrose doucement,
  L'insensé tout de suite inonde. »

III

LES DEUX BACHELIERS

Deux jeunes bacheliers, logés chez un docteur,
   Y travailloient avec ardeur
A se mettre en état de prendre leurs licences.
Là, du matin au soir, en public disputant,
   Prouvant, divisant, ergotant
   Sur la nature et ses substances,
L'infini, le fini, l'âme, la volonté,
Les sens, le libre arbitre et la nécessité,

Ils en étoient bientôt à ne plus se comprendre :
Même par là souvent l'on dit qu'ils commençoient ;
    Mais c'est alors qu'ils se poussoient
Les plus beaux arguments. Qui venoit les entendre
    Bouche béante demeuroit,
Et leur professeur même en extase admiroit.
Une nuit qu'ils dormoient dans le grenier du maître,
Sur un grabat commun, voilà mes jeunes gens
    Qui dans un rêve pensent être
    A se disputer sur les bancs.
« Je démontre, dit l'un. — Je distingue, dit l'autre.
— Or, voici mon dilemme. — *Ergo,* voici le nôtre... »
A ces mots, nos rêveurs, criants, gesticulants,
Au lieu de s'en tenir aux simples arguments
D'Aristote ou de Scot, soutiennent leur dilemme
    De coups de poing bien assenés
        Sur le nez.
Tous deux sautent du lit dans une rage extrême,
    Se saisissent par les cheveux,
Tombent et font tomber, pêle-mêle avec eux,
Tous les meubles qu'ils ont, deux chaises, une table
Et quatre in-folios écrits sur parchemin.
Le professeur arrive, une chandelle en main,
    A ce tintamarre effroyable.
« Le diable est donc ici ? dit-il tout hors de soi ;
Comment ! sans y voir clair et sans savoir pourquoi,
Vous vous battez ainsi ! Quelle mouche vous pique ?
— Nous ne nous battons point, disent-ils ; jugez mieux :

C'est que nous repassons tous deux
Nos leçons de métaphysique. »

IV

LE RHINOCÉROS
ET LE DROMADAIRE

Un rhinocéros jeune et fort
    Disoit un jour au dromadaire :
« Expliquez-moi, s'il vous plaît, mon cher frere,
D'où peut venir pour nous l'injustice du sort.
L'homme, cet animal puissant par son adresse,
Vous recherche avec soin, vous loge, vous chérit,
    De son pain même vous nourrit,
    Et croit augmenter sa richesse
    En multipliant votre espèce.
    Je sais bien que sur votre dos
Vous portez ses enfants, sa femme, ses fardeaux ;
Que vous êtes léger, doux, sobre, infatigable :
J'en conviens franchement ; mais le rhinocéros
    Des mêmes vertus est capable ;
Je crois même, soit dit sans vous mettre en courroux,
    Que tout l'avantage est pour nous :

Notre corne et notre cuirasse
Dans les combats pourroient servir ;
Et cependant l'homme nous chasse,
Nous méprise, nous hait, et nous force à le fuir.
— Ami, répond le dromadaire,
De notre sort ne soyez point jaloux :
C'est peu de servir l'homme, il faut encor lui plaire.
Vous êtes étonné qu'il nous préfère à vous ;
Mais de cette faveur voici tout le mystère :
Nous savons plier les genoux. »

V

LE ROSSIGNOL ET LE PAON

L'aimable et tendre Philomèle,
Voyant commencer les beaux jours,
Racontoit à l'écho fidèle
Et ses malheurs et ses amours.

Le plus beau paon du voisinage,
Maître et sultan de ce canton,
Élevant la tête et le ton,
Vint interrompre son ramage.

« C'est bien à toi, chantre ennuyeux,
Avec un si triste plumage,
Et ce long bec, et ces gros yeux,
De vouloir charmer ce bocage !

« A la beauté seule il va bien
D'oser célébrer la tendresse ;
De quel droit chantes-tu sans cesse ?
Moi qui suis beau, je ne dis rien.

— Pardon, répondit Philomèle :
Il est vrai, je ne suis pas belle ;
Et, si je chante dans ce bois,
Je n'ai de titre que ma voix.

« Mais vous, dont la noble arrogance
M'ordonne de parler plus bas,
Vous vous taisez par impuissance,
Et n'avez que vos seuls appas.

« Ils doivent éblouir sans doute :
Est-ce assez pour se faire aimer ?
Allez, puisque Amour n'y voit goutte,
C'est l'oreille qu'il faut charmer. »

VI

LE LIÈVRE,

SES AMIS ET LES DEUX CHEVREUILS

Un lièvre de bon caractère
Vouloit avoir beaucoup d'amis.
Beaucoup ! me direz-vous, c'est une grande affaire :
Un seul est rare en ce pays.
J'en conviens ; mais mon lièvre avoit cette marotte,
Et ne savoit pas qu'Aristote
Disoit aux jeunes Grecs à son école admis :
« Mes amis, il n'est point d'amis. »
Sans cesse il s'occupoit d'obliger et de plaire ;
S'il passoit un lapin, d'un air doux et civil,
Vite il couroit à lui : « Mon cousin, disoit-il,
J'ai du beau serpolet tout près de ma tanière :
De déjeuner chez moi faites-moi la faveur. »
S'il voyoit un cheval paître dans la campagne,
Il alloit l'aborder : « Peut-être monseigneur
A-t-il besoin de boire ; au pied de la montagne
Je connois un lac transparent,
Qui n'est jamais ridé par le moindre zéphire.
Si monseigneur veut, dans l'instant
J'aurai l'honneur de l'y conduire. »

Ainsi, pour tous les animaux,
Cerfs, moutons, coursiers, daims, taureaux,
Complaisant, empressé, toujours rempli de zèle,
Il vouloit de chacun faire un ami fidèle,
Et s'en croyoit aimé parce qu'il les aimoit.
Certain jour que tranquille en son gîte il dormoit,
Le bruit du cor l'éveille ; il décampe au plus vite :
Quatre chiens s'élancent après ;
Un maudit piqueur les excite,
Et voilà notre lièvre arpentant les guérets.
Il va, tourne, revient, aux mêmes lieux repasse,
Saute, franchit un long espace
Pour dévoyer les chiens ; et, prompt comme l'éclair,
Gagne pays, et puis s'arrête :
Assis, les deux pattes en l'air,
L'œil et l'oreille au guet, il élève la tête,
Cherchant s'il ne voit point quelqu'un de ses amis.
Il aperçoit dans des taillis
Un lapin que toujours il traita comme un frère ;
Il y court. « Par pitié, sauve-moi, lui dit-il,
Donne retraite à ma misère,
Ouvre-moi ton terrier ; tu vois l'affreux péril...
— Ah ! que j'en suis fâché ! répond d'un air tranquille
Le lapin : je ne puis t'offrir mon logement,
Ma femme accouche en ce moment ;
Sa famille et la mienne ont rempli mon asile ;
Je te plains bien sincèrement :
Adieu, mon cher ami. » Cela dit, il s'échappe,

>   Et voici la meute qui jappe.
> Le pauvre lièvre part. A quelques pas plus loin,
> Il rencontre un taureau que cent fois au besoin
> Il avoit obligé : tendrement il le prie
> D'arrêter un moment cette meute en furie,
>   Qui de ses cornes aura peur.
> « Hélas ! dit le taureau, ce seroit de grand cœur ;
>   Mais des génisses la plus belle
> Est seule dans ce bois ; je l'entends qui m'appelle,
> Et tu ne voudrois pas retarder mon bonheur. »
> Disant ces mots, il part. Notre lièvre, hors d'haleine,
> Implore vainement un daim, un cerf dix-cors,
> Ses amis les plus sûrs : ils l'écoutent à peine,
>   Tant ils ont peur du bruit des cors.
> Le pauvre infortuné, sans force et sans courage,
> Alloit se rendre aux chiens, quand du milieu du bois
> Deux chevreuils reposant sous le même feuillage
>   Des chasseurs entendent la voix.
> L'un d'eux se lève et part ; la meute sanguinaire
>   Quitte le lièvre et court après.
>   En vain le piqueur en colère
> Crie, et jure, et se fâche ; à travers les forêts
>   Le chevreuil emmène la chasse,
> Va faire un long circuit, et revient au buisson
>   Où l'attendoit son compagnon,
>   Qui dans l'instant part à sa place.
> Celui-ci fait de même ; et, pendant tout le jour,
> Les deux chevreuils, lancés et quittés tour à tour,

   Fatiguent la meute obstinée.
  Enfin les chasseurs tout honteux
Prennent le bon parti de retourner chez eux.
   Déjà la retraite est sonnée,
Et les chevreuils rejoints. Le lièvre palpitant
S'approche, et leur raconte, en les félicitant,
Que ses nombreux amis, dans ce péril extrême,
L'avoient abandonné. « Je n'en suis pas surpris,
Répond un des chevreuils : à quoi bon tant d'amis ?
   Un seul suffit, quand il nous aime. »

VII

LE RENARD QUI PRÊCHE

Un vieux renard cassé, goutteux, apoplectique,
   Mais instruit, éloquent, disert,
   Et sachant très bien sa logique,
   Se mit à prêcher au désert.
Son style étoit fleuri, sa morale excellente.
Il prouvoit en trois points que la simplicité,
   Les bonnes mœurs, la probité,
Donnent à peu de frais cette félicité
   Qu'un monde imposteur nous présente
Et nous fait payer cher sans la donner jamais.

Notre prédicateur n'avoit aucun succès ;
Personne ne venoit, hors cinq ou six marmottes,
    Ou bien quelques biches dévotes
Qui vivoient loin du bruit, sans entour, sans faveur,
Et ne pouvoient pas mettre en crédit l'orateur.
Il prit le bon parti de changer de matière,
Prêcha contre les ours, les tigres, les lions,
    Contre leurs appétits gloutons,
    Leur soif, leur rage sanguinaire.
Tout le monde accourut alors à ses sermons ;
Cerfs, gazelles, chevreuils, y trouvoient mille charmes :
L'auditoire sortoit toujours baigné de larmes,
Et le nom du renard devint bientôt fameux.
    Un lion, roi de la contrée,
Bon homme au demeurant et vieillard fort pieux,
    De l'entendre fut curieux.
Le renard fut charmé de faire son entrée
A la cour : il arrive, il prêche, et, cette fois,
Se surpassant lui-même, il tonne, il épouvante
    Les féroces tyrans des bois,
Peint la foible innocence à leur aspect tremblante,
Implorant chaque jour la justice trop lente
    Du maître et du juge des rois.
Les courtisans, surpris de tant de hardiesse,
    Se regardoient sans dire rien :
    Car le roi trouvoit cela bien.
La nouveauté parfois fait aimer la rudesse.
Au sortir du sermon, le monarque enchanté

Fit venir le renard. « Vous avez su me plaire,
Lui dit-il ; vous m'avez montré la vérité :
  Je vous dois un juste salaire ;
Que me demandez-vous pour prix de vos leçons ? »
Le renard répondit : « Sire, quelques dindons. »

VIII

LE ROI ALPHONSE

Certain roi qui régnoit sur les rives du Tage,
  Et que l'on surnomma *le Sage*,
  Non parce qu'il étoit prudent,
  Mais parce qu'il étoit savant,
Alphonse, fut surtout un habile astronome ;
Il connoissoit le ciel bien mieux que son royaume,
  Et quittoit souvent son conseil
  Pour la lune ou pour le soleil.
Un soir qu'il retournoit à son observatoire,
  Entouré de ses courtisans :
« Mes amis, disoit-il, enfin j'ai lieu de croire
  Qu'avec mes nouveaux instruments
Je verrai, cette nuit, des hommes dans la lune.
  — Votre Majesté les verra,
Répondoit-on ; la chose est même trop commune ;

　　　　Elle doit voir mieux que cela. »
Pendant tous ces discours, un pauvre, dans la rue,
S'approche en demandant humblement, chapeau bas,
Quelques maravédis ; le roi ne l'entend pas
Et sans le regarder son chemin continue.
Le pauvre suit le roi toujours tendant la main,
Toujours renouvelant sa prière importune ;
Mais, les yeux vers le ciel, le roi, pour tout refrain,
Répétoit : « Je verrai des hommes dans la lune. »
　　　　Enfin le pauvre le saisit
Par son manteau royal et gravement lui dit :
« Ce n'est pas de là-haut, c'est des lieux où nous sommes
　　　　Que Dieu vous a fait souverain.
Regardez à vos pieds : là vous verrez des hommes,
　　　　Et des hommes manquant de pain. »

IX

LE SANGLIER ET LES ROSSIGNOLS

　　　　Un homme riche, sot et vain,
Qualités qui parfois marchent de compagnie,
Croyoit pour tous les arts avoir un goût divin,
Et pensoit que son or lui donnoit du génie
Chaque jour à sa table on voyoit réunis

Peintres, sculpteurs, savants, artistes, beaux esprits,
  Qui lui prodiguoient les hommages,
Lui montroient des dessins, lui lisoient des ouvrages,
Écoutoient les conseils qu'il daignoit leur donner,
Et l'appeloient Mécène en mangeant son dîner.
Se promenant un soir dans son parc solitaire,
Suivi d'un jardinier, homme instruit et de sens,
Il vit un sanglier qui labouroit la terre,
Comme ils font quelquefois pour aiguiser leurs dents.
Autour du sanglier, les merles, les fauvettes,
Surtout les rossignols, voltigeant, s'arrêtant,
Répétoient à l'envi leurs douces chansonnettes,
  Et le suivoient toujours chantant.
L'animal écoutoit l'harmonieux ramage
Avec la gravité d'un docte connoisseur,
Baissoit parfois la hure en signe de faveur,
Ou bien, la secouant, refusoit son suffrage.
  « Qu'est ceci ? dit le financier :
  Comment ! les chantres du bocage
Pour leur juge ont choisi cet animal sauvage !
  — Nenni, répond le jardinier :
De la terre par lui fraîchement labourée
Sont sortis plusieurs vers, excellente curée
  Qui seule attire ces oiseaux ;
  Ils ne se tiennent à sa suite
  Que pour manger ces vermisseaux ;
Et l'imbécile croit que c'est pour son mérite. »

X

HERCULE AU CIEL

Lorsque le fils d'Alcmène, après ses longs travaux,
Fut reçu dans le ciel, tous les dieux s'empressèrent
De venir au-devant de ce fameux héros.
Mars, Minerve, Vénus, tendrement l'embrassèrent,
Junon même lui fit un accueil assez doux.
Hercule transporté les remercioit tous,
Quand Plutus, qui vouloit être aussi de la fête,
Vint d'un air insolent lui présenter la main.
Le héros irrité passe en tournant la tête.
  « Mon fils, lui dit alors Jupin,
Que t'a donc fait ce dieu ? D'où vient que la colère,
  A son aspect, trouble tes sens ?
  — C'est que je le connois, mon père,
  Et presque toujours sur la terre
  Je l'ai vu l'ami des méchants. »

XI

LE DERVIS, LA CORNEILLE
ET LE FAUCON

    Un de ces pieux solitaires
Qui, détachant leur cœur des choses d'ici-bas,
Font vœu de renoncer à des biens qu'ils n'ont pas
    Pour vivre du bien de leurs frères,
Un dervis, en un mot, s'en alloit mendiant
      Et priant,
Lorsque les cris plaintifs d'une jeune corneille,
Par des parents cruels laissée en son berceau
Presque sans plume encor, vinrent à son oreille.
Notre dervis regarde, et voit le pauvre oiseau
Allongeant sur son nid sa tête demi-nue.
    Dans l'instant, du haut de la nue,
    Un faucon descend vers ce nid ;
    Et, le bec rempli de pâture,
    Il apporte sa nourriture
    A l'orpheline qui gémit.
« O du puissant Allah providence adorable !
S'écria le dervis ; plutôt qu'un innocent
Périsse sans secours, tu rends compatissant
    Des oiseaux le moins pitoyable !

Et moi, fils du Très-Haut, je chercherois mon pain!
　　　Non, par le Prophète j'en jure,
Tranquille désormais, je remets mon destin
A celui qui prend soin de toute la nature. »
Cela dit, le dervis, couché tout de son long,
　　　Se met à bayer aux corneilles,
De la création admire les merveilles,
　　　De l'univers l'ordre profond.
　　　Le soir vint ; notre solitaire
Eut un peu d'appétit en faisant sa prière.
« Ce n'est rien, disoit-il ; mon souper va venir. »
Le souper ne vient point. « Allons, il faut dormir ;
Ce sera pour demain. » Le lendemain, l'aurore
　　　Paroît, et point de déjeuner.
　　　Ceci commence à l'étonner ;
　　　Cependant il persiste encore,
Et croit à chaque instant voir venir son dîner.
Personne n'arrivoit ; la journée est finie,
Et le dervis à jeun voyoit d'un œil d'envie
　　　Ce faucon qui venoit toujours
　　　Nourrir sa pupille chérie.
Tout à coup il l'entend lui tenir ce discours :
　　　« Tant que vous n'avez pu, ma mie,
　　　Pourvoir vous-même à vos besoins,
　　　De vous j'ai pris de tendres soins ;
　　　A présent que vous voilà grande,
Je ne reviendrai plus. Allah nous recommande
　　　Les foibles et les malheureux ;

Mais être foible, ou paresseux,
C'est une grande différence.
Nous ne recevons l'existence
Qu'afin de travailler pour nous ou pour autrui.
De ce devoir sacré quiconque se dispense
Est puni de la Providence,
Par le besoin ou par l'ennui. »
Le faucon dit et part. Touché de ce langage,
Le dervis converti reconnoît son erreur,
Et, gagnant le premier village,
Se fait valet de laboureur.

XII

LA BALANCE DE MINOS

Minos, ne pouvant plus suffire
Au fatigant métier d'entendre et de juger
Chaque ombre descendue au ténébreux empire,
Imagina, pour abréger,
De faire faire une balance
Où dans l'un des bassins il mettoit à la fois
Cinq ou six morts, dans l'autre un certain poids
Qui déterminoit la sentence.
Si le poids s'élevoit, alors plus à loisir

   Minos examinoit l'affaire ;
   Si le poids baissoit, au contraire,
   Sans scrupule il faisoit punir.
La méthode étoit sûre, expéditive et claire ;
Minos s'en trouvoit bien. Un jour, en même temps,
   Au bord du Styx la Mort rassemble
Deux rois, un grand ministre, un héros, trois savants.
   Minos les fait peser ensemble :
   Le poids s'élève ; il en met deux,
Et puis trois ; c'est en vain ; quatre ne font pas mieux.
Minos, un peu surpris, ôte de la balance
Ces inutiles poids, cherche un autre moyen ;
Et, près de là voyant un pauvre homme de bien
Qui dans un coin obscur attendoit en silence,
   Il le met seul en contrepoids :
Les six ombres alors s'élèvent à la fois.

———

XIII

LA CHENILLE

Un jour, causant entre eux, différents animaux
   Louoient beaucoup le ver à soie.
« Quel talent, disoient-ils, cet insecte déploie
En composant ces fils si doux, si fins, si beaux,

Qui de l'homme font la richesse ! »
Tous vantoient son travail, exaltoient son adresse.
Une chenille seule y trouvoit des défauts,
Aux animaux surpris en faisoit la critique,
  Disoit des *mais* et puis des *si*.
Un renard s'écria : « Messieurs, cela s'explique,
  C'est que Madame file aussi. »

XIV

L'HERMINE, LE CASTOR
ET LE SANGLIER

Une hermine, un castor, un jeune sanglier,
Cadets de leur famille et partant sans fortune,
  Dans l'espoir d'en acquérir une,
Quittèrent leur forêt, leur étang, leur hallier.
Après un long voyage, après mainte aventure,
  Ils arrivent dans un pays
  Où s'offrent à leurs yeux ravis
  Tous les trésors de la nature,
Des prés, des eaux, des bois, des vergers pleins de fruits.
Nos pèlerins, voyant cette terre chérie,
  Éprouvent les mêmes transports

Qu'Énée et ses Troyens en découvrant les bords
　　　　Du royaume de Lavinie.
Mais ce riche pays étoit de toutes parts
　　　　Entouré d'un marais de bourbe,
　　　　Où des serpents et des lézards
　　　　Se jouoit l'effroyable tourbe.
Il falloit le passer, et nos trois voyageurs
S'arrêtent sur le bord, étonnés et rêveurs.
L'hermine la première avance un peu la patte ;
　　　　Elle la retire aussitôt ;
　　　　En arrière elle fait un saut,
En disant : « Mes amis, fuyons en grande hâte ;
Ce lieu, tout beau qu'il est, ne peut nous convenir :
Pour arriver là-bas il faudroit se salir ;
　　　　Et moi, je suis si délicate
　　　　Qu'une tache me fait mourir.
— Ma sœur, dit le castor, un peu de patience ;
On peut, sans se tacher, quelquefois réussir ;
Il faut alors du temps et de l'intelligence :
Nous avons tout cela. Pour moi, qui suis maçon,
Je vais en quinze jours vous bâtir un beau pont,
Sur lequel nous pourrons, sans craindre les morsures
De ces vilains serpents, sans gâter nos fourrures,
Arriver au milieu de ce charmant vallon.
　　　— Quinze jours ! ce terme est bien long,
Répond le sanglier : moi, j'y serai plus vite ;
Vous allez voir comment. » En prononçant ces mots,
　　　　Le voilà qui se précipite

Au plus fort du bourbier, s'y plonge jusqu'au dos,
A travers les serpents, les lézards, les crapauds,
Marche, pousse à son but, arrive plein de boue ;
  Et là, tandis qu'il se secoue,
Jetant à ses amis un regard de dédain :
« Apprenez, leur dit-il, comme on fait son chemin. »

XV

LES ENFANTS ET LES PERDREAUX

Deux enfants d'un fermier, gentils, espiègles, beaux,
  Mais un peu gâtés par leur père,
  Cherchant des nids dans leur enclos,
  Trouvèrent de petits perdreaux
  Qui voletoient après leur mère.
Vous jugez de la joie, et comment mes bambins
  A la troupe qui s'éparpille
  Vont partout couper les chemins,
  Et n'ont pas assez de leurs mains
  Pour prendre la pauvre famille !
La perdrix, traînant l'aile, appelant ses petits,
  Tourne en vain, voltige, s'approche ;
  Déjà mes jeunes étourdis
  Ont toute sa couvée en poche.

Ils veulent partager comme de bons amis.
Chacun en garde six ; il en reste un treizième :
    L'aîné le veut ; l'autre le veut aussi.
« Tirons au doigt mouillé.—Parbleu non.—Parbleu si.
— Cède, ou bien tu verras.—Mais tu verras toi-même.»
De propos en propos, l'aîné, peu patient,
    Jette à la tête de son frère
Le perdreau disputé. Le cadet, en colère,
    D'un des siens riposte à l'instant.
    L'aîné recommence d'autant ;
Et ce jeu qui leur plaît couvre autour d'eux la terre
    De pauvres perdreaux palpitants.
Le fermier, qui passoit en revenant des champs,
    Voit ce spectacle sanguinaire,
    Accourt, et dit à ses enfants :
« Comment donc ! petits rois, vos discordes cruelles
Font que tant d'innocents expirent par vos coups !
De quel droit, s'il vous plaît, dans vos tristes querelles
    Faut-il que l'on meure pour vous ? »

XVI

LE PERROQUET

Un gros perroquet gris, échappé de sa cage,
    Vint s'établir dans un bocage ;
Et là, prenant le ton de nos faux connoisseurs,
Jugeant tout, blâmant tout d'un air de suffisance,
Au chant du rossignol il trouvoit des longueurs,
    Critiquoit surtout sa cadence.
Le linot, selon lui, ne savoit pas chanter ;
La fauvette auroit fait quelque chose peut-être,
    Si de bonne heure il eût été son maître,
    Et qu'elle eût voulu profiter.
Enfin aucun oiseau n'avoit l'art de lui plaire,
Et, dès qu'ils commençoient leurs joyeuses chansons,
Par des coups de sifflet répondant à leurs sons,
    Le perroquet les faisoit taire.
Lassés de tant d'affronts, tous les oiseaux du bois
Viennent lui dire un jour : « Mais parlez donc, beau sire,
Vous qui sifflez toujours, faites qu'on vous admire.
Sans doute vous avez une brillante voix ;
    Daignez chanter pour nous instruire. »
    Le perroquet dans l'embarras
Se gratte un peu la tête et finit par leur dire :
« Messieurs, je siffle bien, mais je ne chante pas. »

XVII

LE RENARD DÉGUISÉ

Un renard plein d'esprit, d'adresse, de prudence,
A la cour d'un lion servoit depuis longtemps ;
    Les succès les plus éclatants
Avoient prouvé son zèle et son intelligence.
Pour peu qu'on l'employât, toute affaire alloit bien.
On le louoit beaucoup, mais sans lui donner rien ;
Et l'habile renard étoit dans l'indigence.
    Lassé de servir des ingrats,
De réussir toujours sans en être plus gras,
Il s'enfuit de la cour ; dans un bois solitaire
    Il s'en va trouver son grand-père,
Vieux renard retiré, qui jadis fut vizir.
Là, contant ses exploits, et puis les injustices,
    Les dégoûts qu'il eut à souffrir,
Il demande pourquoi de si nombreux services
    N'ont jamais pu rien obtenir.
Le bonhomme renard, avec sa voix cassée,
Lui dit : « Mon cher enfant, la semaine passée,
Un blaireau, mon cousin, est mort dans ce terrier :
    C'est moi qui suis son héritier.
J'ai conservé sa peau ; mets-la dessus la tienne,
Et retourne à la cour. » Le renard avec peine

Se soumit au conseil. Affublé de la peau
    De feu son cousin le blaireau,
Il va se regarder dans l'eau d'une fontaine,
Se trouve l'air d'un sot, tel qu'étoit le cousin.
Tout honteux, de la cour il reprend le chemin.
Mais, quelques mois après, dans un riche équipage,
Entouré de valets, d'esclaves, de flatteurs,
    Comblé de dons et de faveurs,
Il vient de sa fortune au vieillard faire hommage :
Il étoit grand vizir. « Je te l'avois bien dit,
    S'écrie alors le vieux grand-père :
Mon ami, chez les grands quiconque voudra plaire
    Doit d'abord cacher son esprit. »

XVIII

LE HIBOU, LE CHAT, L'OISON

ET LE RAT

De jeunes écoliers avoient pris dans un trou
    Un hibou,
Et l'avoient élevé dans la cour du collège.
    Un vieux chat, un jeune oison,
Nourris par le portier, étoient en liaison

Avec l'oiseau ; tous trois avoient le privilège
D'aller et de venir par toute la maison.
  A force d'être dans la classe,
   Ils avoient orné leur esprit,
  Savoient par cœur Denys d'Halicarnasse
Et tout ce qu'Hérodote et Tite-Live ont dit.
Un soir, en disputant (des docteurs c'est l'usage),
Ils comparoient entre eux les peuples anciens.
« Ma foi, disoit le chat, c'est aux Égyptiens
Que je donne le prix : c'étoit un peuple sage,
Un peuple ami des lois, instruit, discret, pieux,
   Rempli de respect pour ses dieux ;
Cela seul, à mon gré, lui donne l'avantage.
   — J'aime mieux les Athéniens,
Répondit le hibou : que d'esprit ! que de grâce !
   Et dans les combats quelle audace !
Que d'aimables héros parmi leurs citoyens !
A-t-on jamais plus fait avec moins de moyens ?
   Des nations c'est la première.
   — Parbleu ! dit l'oison en colère,
   Messieurs, je vous trouve plaisants :
  Et les Romains, que vous en semble ?
   Est-il un peuple qui rassemble
Plus de grandeur, de gloire et de faits éclatants ?
   Dans les arts, comme dans la guerre,
   Ils ont surpassé vos amis.
   Pour moi, ce sont mes favoris :
Tout doit céder le pas aux vainqueurs de la terre. »

Chacun des trois pédants s'obstine en son avis,
Quand un rat, qui de loin entendoit la dispute,
Rat savant, qui mangeoit des thèmes dans sa hutte,
Leur cria : « Je vois bien d'où viennent vos débats :
    L'Égypte vénéroit les chats,
Athènes les hiboux, et Rome, au Capitole,
Aux dépens de l'État nourrissoit des oisons :
Ainsi notre intérêt est toujours la boussole
    Que suivent nos opinions. »

XIX

LE PARRICIDE

    Un fils avoit tué son père.
    Ce crime affreux n'arrive guère
Chez les tigres, les ours ; mais l'homme le commet.
Ce parricide eut l'art de cacher son forfait ;
Nul ne le soupçonna : farouche et solitaire,
Il fuyoit les humains, il vivoit dans les bois,
Espérant échapper aux remords comme aux lois.
Certain jour on le vit détruire à coups de pierre
    Un malheureux nid de moineaux.
    « Eh ! que vous ont fait ces oiseaux ?

Lui demande un passant : pourquoi tant de colère ?
— Ce qu'ils m'ont fait ? répond le criminel :
Ces oisillons menteurs, que confonde le Ciel,
Me reprochent d'avoir assassiné mon père. »
Le passant le regarde : il se trouble, il pâlit ;
  Sur son front son crime se lit :
Conduit devant le juge, il l'avoue et l'expie.

  O des vertus dernière amie,
Toi qu'on voudroit en vain éviter ou tromper,
Conscience terrible, on ne peut t'échapper !

XX

L'AMOUR ET SA MÈRE

Quand la belle Vénus, sortant du sein des mers,
Promena ses regards sur la plaine profonde,
Elle se crut d'abord seule dans l'univers ;
Mais près d'elle aussitôt l'Amour naquit de l'onde.
Vénus lui fit un signe, il embrassa Vénus ;
Et, se reconnoissant sans s'être jamais vus,
Tous deux sur un dauphin voguèrent vers la plage.
  Comme ils approchoient du rivage,

L'Amour, qu'elle portoit, s'échappe de ses bras,
Et lance plusieurs traits en criant : « Terre ! terre !
— Que faites-vous, mon fils ? lui dit alors sa mère.
— Maman, répondit-il, j'entre dans mes États. »

LIVRE QUATRIÈME

I

LE SAVANT ET LE FERMIER

Que j'aime les héros dont je conte l'histoire,
Et qu'à m'occuper d'eux je trouve de douceur !
J'ignore s'ils pourront m'acquérir de la gloire,
　　Mais je sais qu'ils font mon bonheur.
Avec les animaux je veux passer ma vie :
　　Ils sont si bonne compagnie !
Je conviens cependant, et c'est avec douleur,
　　Que tous n'ont pas le même cœur.
Plusieurs que l'on connoît, sans qu'ici je les nomme,
　　De nos vices ont bonne part ;
Mais je les trouve encor moins dangereux que l'homme ;
Et, fripon pour fripon, je préfère un renard. »
　　C'est ainsi que pensoit un sage,
　　Un bon fermier de mon pays.
Depuis quatre-vingts ans, de tout le voisinage

On venoit écouter et suivre ses avis.
Chaque mot qu'il disoit étoit une sentence.
Son exemple surtout aidoit son éloquence ;
Et, lorsque environné de ses quarante enfants,
   Fils, petits-fils, brus, gendres, filles,
Il jugeoit les procès ou régloit les familles,
Nul n'eût osé mentir devant ses cheveux blancs.
Je me souviens qu'un jour dans son champêtre asile
   Il vint un savant de la ville
Qui dit au bon vieillard : « Mon père, enseignez-moi
   Dans quel auteur, dans quel ouvrage,
   Vous apprîtes l'art d'être sage.
Chez quelle nation, à la cour de quel roi
   Avez-vous été, comme Ulysse,
   Prendre des leçons de justice ?
Suivez-vous de Zénon la rigoureuse loi ?
Avez-vous embrassé la secte d'Épicure,
Celle de Pythagore, ou du divin Platon ?
— De tous ces messieurs-là je ne sais pas le nom,
Répondit le vieillard : mon livre est la nature,
   Et mon unique précepteur,
     C'est mon cœur.
Je vois les animaux, j'y trouve le modèle
   Des vertus que je dois chérir :
La colombe m'apprit à devenir fidèle ;
En voyant la fourmi, j'amassai pour jouir ;
   Mes bœufs m'enseignent la constance,
Mes brebis la douceur, mes chiens la vigilance ;

  Et, si j'avois besoin d'avis
  Pour aimer mes filles, mes fils,
La poule et ses poussins me serviroient d'exemple.
Ainsi dans l'univers tout ce que je contemple
M'avertit d'un devoir qu'il m'est doux de remplir.
Je fais souvent du bien pour avoir du plaisir ;
J'aime et je suis aimé ; mon âme est tendre et pure,
  Et toujours selon ma mesure
  Ma raison sait régler mes vœux :
  J'observe et je suis la nature ;
  C'est mon secret pour être heureux. »

II

L'ÉCUREUIL, LE CHIEN
ET LE RENARD

Un gentil écureuil étoit le camarade,
  Le tendre ami d'un beau danois.
Un jour qu'ils voyageoient comme Oreste et Pylade,
  La nuit les surprit dans un bois.
En ce lieu point d'auberge ; ils eurent de la peine
  A trouver où se bien coucher.
Enfin le chien se mit dans le creux d'un vieux chêne,

Et l'écureuil plus haut grimpa pour se nicher.
   Vers minuit, c'est l'heure des crimes,
   Longtemps après que nos amis,
En se disant bonsoir, se furent endormis,
Voici qu'un vieux renard, affamé de victimes,
Arrive au pied de l'arbre, et, levant le museau,
   Voit l'écureuil sur un rameau.
Il le mange des yeux, humecte de sa langue
Ses lèvres, qui de sang brûlent de s'abreuver.
Mais jusqu'à l'écureuil il ne peut arriver ;
   Il faut donc, par une harangue,
L'engager à descendre ; et voici son discours :
   « Ami, pardonnez, je vous prie,
Si de votre sommeil j'ose troubler le cours ;
Mais le pieux transport dont mon âme est remplie
Ne peut se contenir : je suis votre cousin
     Germain ;
Votre mère étoit sœur de feu mon digne père.
Cet honnête homme, hélas ! à son heure dernière,
M'a tant recommandé de chercher son neveu,
   Pour lui donner moitié du peu
Qu'il m'a laissé de bien ! Venez donc, mon cher frère,
   Venez, par un embrassement,
Combler le doux plaisir que mon âme ressent.
Si je pouvois monter jusqu'aux lieux où vous êtes,
Oh ! j'y serois déjà, soyez-en bien certain. »
   Les écureuils ne sont pas bêtes,
   Et le mien étoit fort malin.

Il reconnoît le patelin,
Et répond d'un ton doux : « Je meurs d'impatience
De vous embrasser, mon cousin ;
Je descends; mais, pour mieux lier la connoissance,
Je veux vous présenter mon plus fidèle ami,
Un parent qui prit soin de nourrir mon enfance ;
Il dort dans ce trou-là : frappez un peu ; je pense
Que vous serez charmé de le connoître aussi. »
Aussitôt maître renard frappe,
Croyant en manger deux ; mais le fidèle chien
S'élance de l'arbre, le happe,
Et vous l'étrangle bel et bien.

Ceci prouve deux points : d'abord, qu'il est utile
Dans la douce amitié de placer son bonheur ;
Puis, qu'avec de l'esprit il est souvent facile
Au piège qu'il nous tend de surprendre un trompeur.

III

LE COURTISAN ET LE DIEU PROTÉE

On en veut trop aux courtisans ;
On va criant partout qu'à l'État inutiles
Pour leur seul intérêt ils se montrent habiles :
Ce sont discours de médisants.

J'ai lu, je ne sais où, qu'autrefois en Syrie
Ce fut un courtisan qui sauva sa patrie.
Voici comment. Dans le pays
La peste avoit été portée,
Et ne devoit cesser que quand le dieu Protée
Diroit là-dessus son avis.
Ce dieu, comme l'on sait, n'est pas facile à vivre :
Pour le faire parler il faut longtemps le suivre,
Près de son antre l'épier,
Le surprendre, et puis le lier,
Malgré la figure effrayante
Qu'il prend et quitte à volonté.
Certain vieux courtisan, par le roi député,
Devant le dieu marin tout à coup se présente.
Celui-ci, surpris, irrité,
Se change en noir serpent ; sa gueule empoisonnée
Lance et retire un dard messager du trépas,

Tandis que, dans sa marche oblique et détournée,
Il glisse sur lui-même et d'un pli fait un pas.
Le courtisan sourit. « Je connois cette allure,
Dit-il, et mieux que toi je sais mordre et ramper. »
   Il court alors pour l'attraper ;
   Mais le dieu change de figure,
Il devient tour à tour loup, singe, lynx, renard.
   « Tu veux me vaincre dans mon art,
Disoit le courtisan ; mais, depuis mon enfance,
Plus que ces animaux avide, adroit, rusé,
Chacun de ces tours-là pour moi se trouve usé.
Changer d'habit, de mœurs, même de conscience,
   Je ne vois rien là que d'aisé. »
   Lors il saisit le dieu, le lie,
Arrache son oracle, et retourne vainqueur.
   Ce trait nous prouve, ami lecteur,
Combien un courtisan peut servir la patrie.

IV

LE HIBOU ET LE PIGEON

« Que mon sort est affreux ! s'écrioit un hibou ;
Vieux, infirme, souffrant, accablé de misère,
   Je suis isolé sur la terre,

Et jamais un oiseau n'est venu dans mon trou
Consoler un moment ma douleur solitaire. »
      Un pigeon entendit ces mots,
      Et courut auprès du malade :
      « Hélas ! mon pauvre camarade,
      Lui dit-il, je plains bien vos maux,
Mais je ne comprends pas qu'un hibou de votre âge
      Soit sans épouse, sans parents,
      Sans enfants ou petits-enfants.
N'avez-vous point serré les nœuds du mariage
      Pendant le cours de vos beaux ans ? »
Le hibou répondit : « Non vraiment, mon cher frère,
      Me marier ! et pourquoi faire ?
      J'en connoissois trop le danger.
Vouliez-vous que je prisse une jeune chouette
      Bien étourdie et bien coquette,
Qui me trahît sans cesse ou me fît enrager,
Qui me donnât des fils d'un méchant caractère,
      Ingrats, menteurs, mauvais sujets,
Désirant en secret le trépas de leur père :
      Car c'est ainsi qu'ils sont tous faits?
      Pour des parents, je n'en ai guère,
Et ne les vis jamais : ils sont durs, exigeants,
      Pour le moindre sujet s'irritent,
      N'aiment que ceux dont ils héritent ;
Encor ne faut-il pas qu'ils attendent longtemps.
Tout frère ou tout cousin nous déteste et nous pille.
      — Je ne suis pas de votre avis,

Répondit le pigeon. Mais parlons des amis :
    Des orphelins c'est la famille.
Vous avez dû près d'eux trouver quelques douceurs.
    — Les amis ! ils sont tous trompeurs.
J'ai connu deux hiboux qui tendrement s'aimèrent
    Pendant quinze ans, et, certain jour,
    Pour une souris s'égorgèrent.
Je crois à l'amitié moins encor qu'à l'amour.
    — Mais ainsi, Dieu me le pardonne !
    Vous n'avez donc aimé personne ?
    — Ma foi non, soit dit entre nous.
—En ce cas-là, mon cher, de quoi vous plaignez-vous ? »

V

LA VIPÈRE ET LA SANGSUE

La vipère disoit un jour à la sangsue :
    « Que notre sort est différent !
On vous cherche, on me fuit ; si l'on peut, on me tue ;
    Et vous, aussitôt qu'on vous prend,
    Loin de craindre votre blessure,
    L'homme vous donne de son sang
    Une ample et bonne nourriture ;
Cependant vous et moi faisons même piqûre. »

La citoyenne de l'étang
Répond : « Oh! que nenni, ma chère;
La vôtre fait du mal, la mienne est salutaire.
Par moi plus d'un malade obtient sa guérison ;
Par vous tout homme sain trouve une mort cruelle.
Entre nous deux, je crois, la différence est belle :
Je suis remède, et vous poison. »

Cette fable aisément s'explique :
C'est la satire et la critique.

VI

LE PACHA ET LE DERVIS

Un Arabe, à Marseille, autrefois m'a conté
Qu'un pacha turc dans sa patrie
Vint porter certain jour un coffret cacheté
Au plus sage dervis qui fût en Arabie.
« Ce coffret, lui dit-il, renferme des rubis,
Des diamants d'un très grand prix.
C'est un présent que je veux faire
A l'homme que tu jugeras
Être le plus fou de la terre.
Cherche bien, tu le trouveras. »

Muni de son coffret, notre bon solitaire
S'en va courir le monde. Avoit-il donc besoin
             D'aller loin ?
L'embarras de choisir étoit sa grande affaire.
Des fous toujours plus fous venoient de toutes parts
         Se présenter à ses regards.
         Notre pauvre dépositaire
Pour l'offrir à chacun saisissoit le coffret ;
         Mais un pressentiment secret
         Lui conseilloit de n'en rien faire,
         L'assuroit qu'il trouveroit mieux.
         Errant ainsi de lieux en lieux,
         Embarrassé de son message,
         Enfin, après un long voyage,
Notre homme et le coffret arrivent un matin
         Dans la ville de Constantin.
         Il trouve tout le peuple en joie :
« Que s'est-il donc passé ? — Rien, lui dit un iman,
C'est notre grand vizir que le sultan envoie,
         Au moyen d'un lacet de soie,
         Porter au Prophète un firman.
Le peuple rit toujours de ces sortes d'affaires ;
         Et, comme ce sont des misères,
Notre empereur souvent lui donne ce plaisir.
—Souvent?—Oui.—C'est fort bien. Votre nouveau vizir
Est-il nommé ? — Sans doute, et le voilà qui passe. »
Le dervis, à ces mots, court, traverse la place,
Arrive, et reconnoît le pacha son ami.

« Bon, te voilà ! dit celui-ci ;
Et le coffret ? — Seigneur, j'ai parcouru l'Asie :
J'ai vu des fous parfaits, mais sans oser choisir.
  Aujourd'hui ma course est finie ;
  Daignez l'accepter, grand vizir. »

VII

LE LABOUREUR DE CASTILLE

Le plus aimé des rois est toujours le plus fort.
  En vain la fortune l'accable ;
En vain mille ennemis, ligués avec le sort,
Semblent lui présager sa perte inévitable :
L'amour de ses sujets, colonne inébranlable,
  Rend inutile leur effort.

Le petit-fils d'un roi, grand par son malheur même,
Philippe, sans argent, sans troupes, sans crédit,
  Chassé par l'Anglois de Madrid,
  Croyoit perdu son diadème.
Il fuyoit presque seul, déplorant son malheur :
Tout à coup à ses yeux s'offre un vieux laboureur,
Homme franc, simple et droit, aimant plus que sa vie
Ses enfants et son roi, sa femme et sa patrie,

Parlant peu de vertu, la pratiquant beaucoup,
Riche, et pourtant aimé, cité dans les Castilles
    Comme l'exemple des familles.
    Son habit, filé par ses filles,
      Étoit ceint d'une peau de loup ;
Sous un large chapeau sa tête bien à l'aise
Faisoit voir des yeux vifs et des traits basanés,
    Et ses moustaches de son nez
    Descendoient jusque sur sa fraise.
Douze fils le suivoient, tous grands, beaux, vigoureux.
Un mulet chargé d'or étoit au milieu d'eux.
    Cet homme, dans cet équipage,
Devant le roi s'arrête, et lui dit : « Où vas-tu ?
    Un revers t'a-t-il abattu ?
Vainement l'archiduc a sur toi l'avantage,
C'est toi qui régneras, car c'est toi qu'on chérit.
    Qu'importe qu'on t'ait pris Madrid ?
Notre amour t'est resté, nos corps sont tes murailles ;
Nous périrons pour toi dans les champs de l'honneur.
    Le hasard gagne les batailles ;
Mais il faut des vertus pour gagner notre cœur.
Tu l'as, tu régneras. Notre argent, notre vie,
Tout est à toi, prends tout. Grâces à quarante ans
    De travail et d'économie,
Je peux t'offrir cet or. Voici mes douze enfants,
Voilà douze soldats : malgré mes cheveux blancs,
Je ferai le treizième ; et, la guerre finie,
Lorsque tes généraux, tes officiers, tes grands,

Viendront te demander, pour prix de leur service,
      Des biens, des honneurs, des rubans,
Nous ne demanderons que repos et justice :
C'est tout ce qu'il nous faut. Nous autres pauvres gens,
Nous fournissons au roi du sang et des richesses ;
      Mais, loin de briguer ses largesses,
      Moins il donne et plus nous l'aimons.
Quand tu seras heureux, nous fuirons ta présence,
      Nous te bénirons en silence :
      On t'a vaincu, nous te cherchons. »
Il dit, tombe à genoux. D'une main paternelle
Philippe le relève en poussant des sanglots ;
Il presse dans ses bras ce sujet si fidèle,
Veut parler, et les pleurs interrompent ses mots.
      Bientôt, selon la prophétie
Du bon vieillard, Philippe fut vainqueur,
      Et, sur le trône d'Ibérie,
      N'oublia point le laboureur.

VIII

LE PAON, LES DEUX OISONS
ET LE PLONGEON

Un paon faisoit la roue, et les autres oiseaux
    Admiroient son brillant plumage.
Deux oisons nasillards, du fond d'un marécage,
    Ne remarquoient que ses défauts.
« Regarde, disoit l'un, comme sa jambe est faite,
    Comme ses pieds sont plats, hideux !
— Et son cri, disoit l'autre, est si mélodieux
    Qu'il fait fuir jusqu'à la chouette ! »
Chacun rioit alors du mot qu'il avoit dit.
    Tout à coup un plongeon sortit.
« Messieurs, leur cria-t-il, vous voyez d'une lieue
Ce qui manque à ce paon : c'est bien voir, j'en conviens ;
Mais votre chant, vos pieds, sont plus laids que les siens,
    Et vous n'aurez jamais sa queue. »

IX

L'AVARE ET SON FILS

Par je ne sais quelle aventure,
Un avare, un beau jour, voulant se bien traiter,
Au marché courut acheter
Des pommes pour sa nourriture.
Dans son armoire il les porta,
Les compta, rangea, recompta,
Ferma les doubles tours de sa double serrure,
Et chaque jour les visita.
Ce malheureux, dans sa folie,
Les bonnes pommes ménageoit ;
Mais, lorsqu'il en trouvoit quelqu'une de pourrie,
En soupirant il la mangeoit ;
Son fils, jeune écolier, faisant fort maigre chère,
Découvrit à la fin les pommes de son père.
Il attrape les clefs et va dans ce réduit,
Suivi de deux amis d'excellent appétit.
Or vous pouvez juger le dégât qu'ils y firent,
Et combien de pommes périrent !
L'avare arrive en ce moment,
De douleur, d'effroi palpitant.
« Mes pommes ! crioit-il : coquins, il faut les rendre,
Ou je vais tous vous faire pendre.

— Mon père, dit le fils, calmez-vous, s'il vous plaît ;
Nous sommes d'honnêtes personnes :
Et quel tort vous avons-nous fait ?
Nous n'avons mangé que les bonnes. »

X

L'HABIT D'ARLEQUIN

Vous connoissez ce quai nommé de la Ferraille,
Où l'on vend des oiseaux, des hommes et des fleurs.
A mes fables souvent c'est là que je travaille ;
J'y vois des animaux, et j'observe leurs mœurs.
Un jour de mardi gras j'étois à la fenêtre
D'un oiseleur de mes amis,
Quand sur le quai je vis paroître
Un petit arlequin leste, bien fait, bien mis,
Qui, la batte à la main, d'une grâce légère,
Couroit après un masque en habit de bergère.
Le peuple applaudissoit par des ris, par des cris.
Tout près de moi, dans une cage,
Trois oiseaux étrangers, de différent plumage,
Perruche, cardinal, serin,
Regardoient aussi l'arlequin.
La perruche disoit : « J'aime peu son visage,

Mais son charmant habit n'eut jamais son égal.
Il est d'un si beau vert ! — Vert ! dit le cardinal ;
  Vous n'y voyez donc pas, ma chère?
  L'habit est rouge assurément :
  Voilà ce qui le rend charmant.
  — Oh ! pour celui-là, mon compère,
Répondit le serin, vous n'avez pas raison,
  Car l'habit est jaune-citron ;
Et c'est ce jaune-là qui fait tout son mérite.
—Il est vert.— Il est jaune.—Il est rouge, morbleu ! »
  Interrompt chacun avec feu ;
  Et déjà le trio s'irrite.
« Amis, apaisez-vous, leur crie un bon pivert ;
  L'habit est jaune, rouge et vert.
Cela vous surprend fort ; voici tout le mystère :
Ainsi que bien des gens d'esprit et de savoir,
Mais qui d'un seul côté regardent une affaire,
  Chacun de vous ne veut y voir
  Que la couleur qui sait lui plaire. »

XI

LE LAPIN ET LA SARCELLE

Unis dès leurs jeunes ans
D'une amitié fraternelle,
Un lapin, une sarcelle,
Vivoient heureux et contents.
Le terrier du lapin étoit sur la lisière
D'un parc bordé d'une rivière.
Soir et matin nos bons amis,
Profitant de ce voisinage,
Tantôt au bord de l'eau, tantôt sous le feuillage,
L'un chez l'autre étoient réunis.
Là, prenant leurs repas, se contant des nouvelles,
Ils n'en trouvoient point de si belles
Que de se répéter qu'ils s'aimeroient toujours.
Ce sujet revenoit sans cesse en leurs discours.
Tout étoit en commun, plaisir, chagrin, souffrance :
Ce qui manquoit à l'un, l'autre le regrettoit ;
Si l'un avoit du mal, son ami le sentoit ;
Si d'un bien au contraire il goûtoit l'espérance
Tous deux en jouissoient d'avance.
Tel étoit leur destin, lorsqu'un jour, jour affreux !
Le lapin, pour dîner venant chez la sarcelle,
Ne la retrouve plus ; inquiet, il l'appelle ;

Personne ne répond à ses cris douloureux.
Le lapin, de frayeur l'âme toute saisie,
Va, vient, fait mille tours, cherche dans les roseaux,
   S'incline par-dessus les flots,
Et voudroit s'y plonger pour trouver son amie.
« Hélas! s'écrioit-il, m'entends-tu? réponds-moi,
   Ma sœur, ma compagne chérie ;
   Ne prolonge pas mon effroi :
Encor quelques moments, c'en est fait de ma vie,
J'aime mieux expirer que de trembler pour toi. »
   Disant ces mots, il court, il pleure,
   Et, s'avançant le long de l'eau,
   Arrive enfin près du château
   Où le seigneur du lieu demeure.
   Là, notre désolé lapin
   Se trouve au milieu d'un parterre,
   Et voit une grande volière
Où mille oiseaux divers voloient sur un bassin.
   L'amitié donne du courage ;
Notre ami, sans rien craindre, approche du grillage,
Regarde, et reconnoît... ô tendresse! ô bonheur!
La sarcelle : aussitôt il pousse un cri de joie,
Et, sans perdre de temps à consoler sa sœur,
   De ses quatre pieds il s'emploie
   A creuser un secret chemin
Pour joindre son amie ; et, par ce souterrain,
Le lapin tout à coup entre dans la volière,
Comme un mineur qui prend une place de guerre.

Les oiseaux effrayés se pressent en fuyant.
Lui court à la sarcelle ; il l'entraîne à l'instant
Dans son obscur sentier, la conduit sous la terre,
Et, la rendant au jour, il est prêt à mourir
          De plaisir.
Quel moment pour tous deux ! que ne sais-je le peindre
      Comme je saurois le sentir !
Nos bons amis croyoient n'avoir plus rien à craindre;
Ils n'étoient pas au bout. Le maître du jardin,
En voyant le dégât commis dans sa volière,
Jure d'exterminer jusqu'au dernier lapin.
« Mes fusils, mes furets ! » crioit-il en colère.
     Aussitôt fusils et furets
         Sont tout prêts.
Les gardes et les chiens vont dans les jeunes tailles,
     Fouillant les terriers, les broussailles ;
Tout lapin qui paroît trouve un affreux trépas :
Les rivages du Styx sont bordés de leurs mânes ;
     Dans le funeste jour de Cannes
     On mit moins de Romains à bas.
La nuit vient ; tant de sang n'a point éteint la rage
Du seigneur, qui remet au lendemain matin
     La fin de l'horrible carnage.
     Pendant ce temps notre lapin,
Tapi sous des roseaux auprès de la sarcelle,
     Attendoit en tremblant la mort,
Mais conjuroit sa sœur de fuir à l'autre bord
     Pour ne pas mourir devant elle.

« Je ne te quitte point, lui répondoit l'oiseau ;
Nous séparer seroit la mort la plus cruelle.
            Ah ! si tu pouvois passer l'eau !
Pourquoi pas ? Attends-moi... » La sarcelle le quitte,
            Et revient traînant un vieux nid
Laissé par des canards ; elle l'emplit bien vite
De feuilles de roseau, les presse, les unit
Des pieds, du bec, en forme un batelet capable
            De supporter un lourd fardeau ;
            Puis elle attache à ce vaisseau
    Un brin de jonc qui servira de câble.
        Cela fait et le bâtiment
Mis à l'eau, le lapin entre tout doucement
Dans le léger esquif, s'assied sur son derrière,
Tandis que devant lui la sarcelle nageant
Tire le brin de jonc, et s'en va dirigeant
            Cette nef à son cœur si chère.
On aborde, on débarque, et jugez du plaisir !
            Non loin du port on va choisir
Un asile où, coulant des jours dignes d'envie,
            Nos bons amis, libres, heureux,
            Aimèrent d'autant plus la vie
            Qu'ils se la devoient tous les deux.

XII

LE MILAN ET LE PIGEON

Un milan plumoit un pigeon,
Et lui disoit : « Méchante bête,
Je te connois ; je sais l'aversion
Qu'ont pour moi tes pareils ; te voilà ma conquête !
Il est des dieux vengeurs. — Hélas ! je le voudrois,
Répondit le pigeon. — O comble des forfaits !
S'écria le milan ; quoi ! ton audace impie
Ose douter qu'il soit des dieux ?
J'allois te pardonner ; mais, pour ce doute affreux,
Scélérat, je te sacrifie. »

XIII

LA FAUVETTE ET LE ROSSIGNOL

Une fauvette dont la voix
Enchantoit les échos par sa douceur extrême
Espéra surpasser le rossignol lui-même,

Et lui fit un défi. L'on choisit dans le bois
Un lieu propre au combat : les juges se placèrent ;
  C'étoient le linot, le serin,
  Le rouge-gorge et le tarin.
Tous les autres oiseaux derrière eux se perchèrent.
Deux vieux chardonnerets et deux jeunes pinsons
Furent gardes du camp ; le merle étoit trompette ;
Il donne le signal. Aussitôt la fauvette
  Fait entendre les plus doux sons ;
  Avec adresse elle varie
De ses accents filés la touchante harmonie
Et ravit tous les cœurs par ses tendres chansons.
L'assemblée applaudit. Bientôt on fait silence ;
  Alors le rossignol commence :
  Trois accords purs, égaux, brillants,
Que termine une juste et parfaite cadence,
  Sont le prélude de ses chants.
  Ensuite son gosier flexible,
Parcourant sans effort tous les tons de sa voix,
Tantôt vif et pressé, tantôt lent et sensible,
  Étonne et ravit à la fois.
Les juges cependant demeuroient en balance ;
Le linot, le serin, de la fauvette amis,
  Ne vouloient point donner de prix ;
Les autres disputoient. L'assemblée en silence
  Écoutoit leurs doctes avis,
Lorsqu'un geai s'écria : « Victoire à la fauvette ! »
  Ce mot décida sa défaite :

Pour le rossignol aussitôt
L'aréopage ailé tout d'une voix s'explique.

Ainsi le suffrage d'un sot
Fait plus de mal que sa critique.

XIV

LE PHILOSOPHE ET LE CHAT-HUANT

Persécuté, proscrit, chassé de son asile,
Pour avoir appelé les choses par leur nom,
Un pauvre philosophe erroit de ville en ville,
Emportant avec lui tous ses biens, sa raison.
Un jour qu'il méditoit sur le fruit de ses veilles,
C'étoit dans un grand bois, il voit un chat-huant
      Entouré de geais, de corneilles,
     Qui le harceloient en criant :
     « C'est un coquin, c'est un impie,
     Un ennemi de la patrie ;
Il faut le plumer vif : oui, oui, plumons, plumons,
     Ensuite nous le jugerons. »
Et tous fondoient sur lui. La malheureuse bête,
Tournant et retournant sa bonne et grosse tête,
Leur disoit, mais en vain, d'excellentes raisons.

Touché de son malheur, car la philosophie
        Nous rend plus doux et plus humains,
Notre sage fait fuir la cohorte ennemie,
Puis dit au chat-huant : « Pourquoi ces assassins
        En vouloient-ils à votre vie ?
Que leur avez-vous fait ? » L'oiseau lui répondit :
« Rien du tout ; mon seul crime est d'y voir clair la nuit. »

XV

LE PROCÈS DES DEUX RENARDS

      Que je hais cet art de pédant,
        Cette logique captieuse,
Qui d'une chose claire en fait une douteuse,
D'un principe erroné tire subtilement
        Une conséquence trompeuse,
        Et raisonne en déraisonnant !
Les Grecs ont inventé cette belle manière.
Ils ont fait plus de mal qu'ils ne croyoient en faire.
Que Dieu leur donne paix ! Il s'agit d'un renard,
Grand argumentateur, célèbre babillard,
        Et qui montroit la rhétorique.
        Il tenoit école publique,

Avoit des écoliers qui payoient en poulets.
Un d'eux, qu'on destinoit à plaider au palais,
Devoit payer son maître à la première cause
    Qu'il gagneroit : ainsi la chose
Avoit été réglée et d'une et d'autre part.
Son cours étant fini, mon écolier renard
    Intente un procès à son maître,
Disant qu'il ne doit rien. Devant le léopard
    Tous les deux s'en vont comparaître.
    « Monseigneur, disoit l'écolier,
Si je gagne, c'est clair, je ne dois rien payer ;
    Si je perds, nulle est sa créance :
    Car il convient que l'échéance
    N'en devoit arriver qu'après
    Le gain de mon premier procès ;
Or, ce procès perdu, je suis quitte, je pense :
    Mon dilemme est certain. — Nenni,
    Répondoit aussitôt le maître :
Si vous perdez, payez ; la loi l'ordonne ainsi.
    Si vous gagnez, sans plus remettre,
    Payez : car vous avez signé
Promesse de payer au premier plaid gagné.
Vous y voilà. Je crois l'argument sans réponse. »
Chacun attend alors que le juge prononce ;
    Et l'auditoire s'étonnoit
    Qu'il n'y jetât pas son bonnet.
Le léopard rêveur prit enfin la parole.
« Hors de cour, leur dit-il : défense à l'écolier

De continuer son métier,
Au maître de tenir école. »

XVI

LE MIROIR DE LA VÉRITÉ

Dans le beau siècle d'or, quand les premiers humains,
  Au milieu d'une paix profonde,
  Couloient des jours purs et sereins,
  La Vérité couroit le monde
  Avec son miroir dans les mains.
Chacun s'y regardoit, et le miroir sincère
Retraçoit à chacun son plus secret désir,
  Sans jamais le faire rougir :
  Temps heureux qui ne dura guère !
L'homme devint bientôt méchant et criminel ;
  La Vérité s'enfuit au ciel
En jetant de dépit son miroir sur la terre.
  Le pauvre miroir se cassa.
Ses débris, qu'au hasard la chute dispersa,
  Furent perdus pour le vulgaire.
Plusieurs siècles après on en connut le prix ;
Et c'est depuis ce temps que l'on voit plus d'un sage
  Chercher avec soin ces débris,

Les retrouver parfois ; mais ils sont si petits
    Que personne n'en fait usage.
    Hélas ! le sage le premier
    Ne s'y voit jamais tout entier.

XVII

LES DEUX PAYSANS
ET LE NUAGE

« Guillot, disoit un jour Lucas
    D'une voix triste et lamentable,
    Ne vois-tu pas venir là-bas
Ce gros nuage noir ? C'est la marque effroyable
Du plus grand des malheurs. — Pourquoi ? répond Guillot.
— Pourquoi ? regarde donc ; ou je ne suis qu'un sot,
    Ou ce nuage est de la grêle
Qui va tout abîmer, vigne, avoine, froment ;
    Toute la récolte nouvelle
    Sera détruite en un moment.
Il ne restera rien : le village en ruine
    Dans trois mois aura la famine
Puis la peste viendra ; puis nous périrons tous.
— La peste ! dit Guillot : doucement, calmez-vous,

Je ne vois point cela, compère;
Et, s'il faut vous parler selon mon sentiment,
C'est que je vois tout le contraire :
Car ce nuage assurément
Ne porte point de grêle; il porte de la pluie.
La terre est sèche dès longtemps;
Il va bien arroser nos champs;
Toute notre récolte en doit être embellie,
Nous aurons le double de foin,
Moitié plus de froment, de raisins abondance,
Nous serons tous dans l'opulence,
Et rien, hors les tonneaux, ne nous fera besoin.
— C'est bien voir que cela! dit Lucas en colère.
— Mais chacun a ses yeux, lui répondit Guillot.
— Oh! puisqu'il est ainsi, je ne dirai plus mot;
Attendons la fin de l'affaire :
Rira bien qui rira le dernier. — Dieu merci,
Ce n'est pas moi qui pleure ici. »
Ils s'échauffoient tous deux; déjà, dans leur furie,
Ils alloient se gourmer, lorsqu'un souffle de vent
Emporta loin de là le nuage effrayant :
Ils n'eurent ni grêle ni pluie.

XVIII

LA GUENON, LE SINGE ET LA NOIX

     Une jeune guenon cueillit
     Une noix dans sa coque verte ;
Elle y porte la dent, fait la grimace... « Ah ! certe,
     Dit-elle, ma mère mentit
Quand elle m'assura que les noix étoient bonnes.
Puis, croyez aux discours de ces vieilles personnes
Qui trompent la jeunesse ! Au diable soit le fruit ! »
Elle jette la noix. Un singe la ramasse,
     Vite entre deux cailloux la casse,
     L'épluche, la mange, et lui dit :
     « Votre mère eut raison, ma mie,
Les noix ont fort bon goût, mais il faut les ouvrir.
     Souvenez-vous que, dans la vie,
Sans un peu de travail on n'a point de plaisir. »

XIX

DON QUICHOTTE

Contraint de renoncer à la chevalerie,
Don Quichotte voulut, pour se dédommager,
  Mener une plus douce vie,
  Et choisit l'état de berger.
Le voilà donc qui prend panetière et houlette,
Le petit chapeau rond garni d'un ruban vert
  Sous le menton faisant rosette.
  Jugez de la grâce et de l'air
De ce nouveau Tircis! Sur sa rauque musette
Il s'essaye à charmer l'écho de ces cantons,
  Achète au boucher deux moutons,
Prend un roquet galeux, et, dans cet équipage,
Par l'hiver le plus froid qu'on eût vu de longtemps,
Dispersant son troupeau sur les rives du Tage,
Au milieu de la neige il chante le printemps.
Point de mal jusque-là : chacun à sa manière
  Est libre d'avoir du plaisir.
Mais il vint à passer une grosse vachère;
Et le pasteur, pressé d'un amoureux désir,
Court et tombe à ses pieds : « O belle Timarette,
Dit-il, toi que l'on voit parmi tes jeunes sœurs
  Comme le lis parmi les fleurs,

Cher et cruel objet de ma flamme secrète,
Abandonne un moment le soin de tes agneaux,
    Viens voir un nid de tourtereaux
    Que j'ai découvert sur ce chêne.
Je veux te les donner : hélas! c'est tout mon bien.
Ils sont blancs : leur couleur, Timarette, est la tienne;
Mais, par malheur pour moi, leur cœur n'est pas le tien. »
    A ce discours, la Timarette,
    Dont le vrai nom étoit Fanchon,
Ouvre une large bouche, et, d'un œil fixe et bête,
    Contemple le vieux Céladon,
Quand un valet de ferme, amoureux de la belle,
Paroissant tout à coup, tombe à coups de bâton
    Sur le berger tendre et fidèle,
    Et vous l'étend sur le gazon.
    Don Quichotte crioit : « Arrête,
    Pasteur ignorant et brutal;
Ne sais-tu pas nos lois? Le cœur de Timarette
Doit devenir le prix d'un combat pastoral;
Chante, et ne frappe pas. » Vainement il l'implore;
L'autre frappoit toujours, et frapperoit encore,
Si l'on n'étoit venu secourir le berger
    Et l'arracher à sa furie.

    Ainsi, guérir d'une folie,
    Bien souvent ce n'est qu'en changer.

Fables de Florian.

XX

LE VOYAGE

Partir avant le jour, à tâtons, sans voir goutte,
Sans songer seulement à demander sa route ;
Aller de chute en chute, et, se traînant ainsi,
Faire un tiers du chemin jusqu'à près de midi ;
Voir sur sa tête alors amasser les nuages ;
Dans un sable mouvant précipiter ses pas ;
Courir, en essuyant orages sur orages,
Vers un but incertain où l'on n'arrive pas ;
Détrompé vers le soir, chercher une retraite ;
Arriver haletant, se coucher, s'endormir :
On appelle cela naître, vivre et mourir.
      La volonté de Dieu soit faite !

LIVRE CINQUIÈME

I

LE BERGER ET LE ROSSIGNOL

M. l'abbé Delille.

O TOI dont la touchante et sublime harmonie
Charme toujours l'oreille en attachant le cœur,
    Digne rival, souvent vainqueur
    Du chantre fameux d'Ausonie,
Delille, ne crains rien; sur mes légers pipeaux
Je ne viens point ici célébrer tes travaux,
Ni dans de foibles vers parler de poésie.
    Je sais que l'immortalité,
Qui t'est déjà promise au temple de Mémoire,
    T'est moins chère que ta gaîté;
Je sais que, méritant tes succès sans y croire,
Content par caractère, et non par vanité,
    Tu te fais pardonner ta gloire

A force d'amabilité :
C'est ton secret ; aussi je finis ce prologue.
　　　Mais du moins lis mon apologue ;
Et si quelque envieux, quelque esprit de travers,
　　　Outrageant un jour tes beaux vers,
Te donne assez d'humeur pour t'empêcher d'écrire,
Je te demande alors de vouloir le relire.

Dans une belle nuit du charmant mois de mai,
Un berger contemploit, du haut d'une colline,
La lune promenant sa lumière argentine
Au milieu d'un ciel pur, d'étoiles parsemé,
Le tilleul odorant, le lilas, l'aubépine,
Au gré du doux zéphyr balançant leurs rameaux,
　　　Et les ruisseaux dans les prairies
　　　Brisant sur des rives fleuries
　　　Le cristal de leurs claires eaux.
　　　Un rossignol, dans le bocage,
Mêloit ses doux accents à ce calme enchanteur.
L'écho les répétoit, et notre heureux pasteur,
Transporté de plaisir, écoutoit son ramage.
Mais tout à coup l'oiseau finit ses tendres sons.
　　　En vain le berger le supplie
　　　De continuer ses chansons.
« Non, dit le rossignol ; c'en est fait pour la vie ;
Je ne troublerai plus ces paisibles forêts.
　　　N'entends-tu pas dans ce marais
　　　Mille grenouilles coassantes,

Qui par des cris affreux insultent à mes chants ?
Je cède, et reconnois que mes foibles accents
Ne peuvent l'emporter sur leurs voix glapissantes.
— Ami, dit le berger, tu vas combler leurs vœux ;
Te taire est le moyen qu'on les écoute mieux :
Je ne les entends plus aussitôt que tu chantes. »

II

LES DEUX LIONS

Sur les bords africains, aux lieux inhabités
Où le char du soleil roule en brûlant la terre,
Deux énormes lions, de la soif tourmentés,
Arrivèrent au pied d'un rocher solitaire.
Un filet d'eau couloit, foible et dernier effort
  De quelque naïade expirante.
  Les deux lions courent d'abord
  Au bruit de cette eau murmurante.
Ils pouvoient boire ensemble ; et la fraternité,
Le besoin, leur donnoient ce conseil salutaire ;
  Mais l'orgueil disoit le contraire,
  Et l'orgueil fut seul écouté.
Chacun veut boire seul : d'un œil plein de colère
  L'un l'autre ils vont se mesurants,

Hérissent de leur cou l'ondoyante crinière ;
De leur terrible queue ils se frappent les flancs,
Et s'attaquent avec de tels rugissements
Qu'à ce bruit, dans le fond de leur sombre tanière,
Les tigres d'alentour vont se cacher tremblants.
   Égaux en vigueur, en courage,
Ce combat fut plus long qu'aucun de ces combats
Qui d'Achille ou d'Hector signalèrent la rage,
  Car les dieux ne s'en mêloient pas.
Après une heure ou deux d'efforts et de morsures,
Nos héros, fatigués, déchirés, haletants,
   S'arrêtèrent en même temps.
   Couverts de sang et de blessures,
   N'en pouvant plus, morts à demi,
Se traînant sur le sable, à la source ils vont boire ;
Mais pendant le combat la source avoit tari ;
Ils expirent auprès.

     Vous lisez votre histoire,
Malheureux insensés dont les divisions,
   L'orgueil, les fureurs, la folie,
Consument en douleurs le moment de la vie :
   Hommes, vous êtes ces lions ;
   Vos jours, c'est l'eau qui s'est tarie.

III

LA COLOMBE
ET SON NOURRISSON

Une colombe gémissoit
De ne pouvoir devenir mère :
Elle avoit fait cent fois tout ce qu'il falloit faire
Pour en venir à bout : rien ne réussissoit.
Un jour, se promenant dans un bois solitaire,
Elle rencontre en un vieux nid
Un œuf abandonné, point trop gros, point petit,
Semblable aux œufs de tourterelle.
« Ah ! quel bonheur ! s'écria-t-elle :
Je pourrai donc enfin couver,
Et puis nourrir, puis élever
Un enfant qui fera le charme de ma vie !
Tous les soins qu'il me coûtera,
Les tourments qu'il me causera,
Seront encor des biens pour mon âme ravie :
Quel plaisir vaut ces soucis-là ? »
Cela dit, dans le nid la colombe établie
Se met à couver l'œuf, et le couve si bien
Qu'elle ne le quitte pour rien,
Pas même pour manger : l'amour nourrit les mères.

Après vingt et un jours elle voit naître enfin
Celui dont elle attend son bonheur, son destin
   Et ses délices les plus chères.
   De joie elle est prête à mourir.
Auprès de son petit nuit et jour elle veille,
L'écoute respirer, le regarde dormir,
   S'épuise pour le mieux nourrir.
    L'enfant chéri vient à merveille ;
    Son corps grossit en peu de temps ;
    Mais son bec, ses yeux et ses ailes
    Diffèrent fort des tourterelles ;
    La mère les voit ressemblants.
   A bien élever sa jeunesse
Elle met tous ses soins, lui prêche la sagesse,
Et surtout l'amitié, lui dit à chaque instant :
   « Pour être heureux, mon cher enfant,
Il ne faut que deux points : la paix avec soi-même,
Puis quelques bons amis dignes de nous chérir.
La vertu de la paix nous fait seule jouir ;
   Et le secret pour qu'on nous aime,
C'est d'aimer les premiers, facile et doux plaisir. »
   Ainsi parloit la tourterelle,
   Quand, au milieu de sa leçon,
   Un malheureux petit pinson,
Échappé de son nid, vient s'abattre auprès d'elle.
Le jeune nourrisson à peine l'aperçoit
   Qu'il court à lui. Sa mère croit
Que c'est pour le traiter comme ami, comme frère,

Et pour offrir au voyageur
Une retraite hospitalière :
Elle applaudit déjà. Mais quelle est sa douleur,
Lorsqu'elle voit son fils, ce fils dont la jeunesse
N'entendit que leçons de vertu, de sagesse,
Saisir le foible oiseau, le plumer, le manger,
Et garder, au milieu de l'horrible carnage,
Ce tranquille sang-froid, assuré témoignage
Que le cœur désormais ne peut se corriger !
Elle en mourut, la pauvre mère.
Quel triste prix des soins donnés à cet enfant !
Mais c'étoit le fils d'un milan.

Rien ne change le caractère.

IV

L'ANE ET LA FLUTE

Les sots sont un peuple nombreux,
Trouvant toutes choses faciles :
Il faut le leur passer ; souvent ils sont heureux :
Grand motif de se croire habiles.
Un âne, en broutant ses chardons,
Regardoit un pasteur jouant, sous le feuillage,

D'une flûte dont les doux sons
Attiroient et charmoient les bergers du bocage.
Cet âne, mécontent, disoit : « Ce monde est fou !
Les voilà tous, bouche béante,
Admirant un grand sot qui sue et se tourmente
A souffler dans un petit trou.
C'est par de tels efforts qu'on parvient à leur plaire ;
Tandis que moi... Suffit... Allons-nous-en d'ici,
Car je me sens trop en colère. »
Notre âne, en raisonnant ainsi,
Avance quelques pas, lorsque, sur la fougère,
Une flûte, oubliée en ces champêtres lieux
Par quelque pasteur amoureux,
Se trouve sous ses pieds. Notre âne se redresse,
Sur elle de côté fixe ses deux gros yeux ;
Une oreille en avant, lentement il se baisse,
Applique son naseau sur le pauvre instrument,
Et souffle tant qu'il peut. O hasard incroyable !
Il en sort un son agréable.
L'âne se croit un grand talent,
Et, tout joyeux, s'écrie, en faisant la culbute
« Eh ! je joue aussi de la flûte ! »

V

LE PAYSAN ET LA RIVIÈRE

« Je veux me corriger, je veux changer de vie,
Me disoit un ami ; dans des liens honteux
    Mon âme s'est trop avilie ;
J'ai cherché le plaisir, guidé par la folie,
Et mon cœur n'a trouvé que le remords affeux.
C'en est fait, je renonce à l'indigne maîtresse
Que j'adorai toujours sans jamais l'estimer.
Tu connois pour le jeu ma coupable foiblesse :
    Eh bien, je vais la réprimer.
    Je vais me retirer du monde ;
Et, calme désormais, libre de tous soucis,
    Dans une retraite profonde,
Vivre pour la sagesse et pour mes seuls amis.
    — Que de fois vous l'avez promis !
    Toujours en vain, lui répondis-je.
Çà, quand commencez-vous ? — Dans huit jours sûrement.
— Pourquoi pas aujourd'hui ? Ce long retard m'afflige.
    — Oh ! je ne puis dans un moment
    Briser une si forte chaîne :
Il me faut un prétexte ; il viendra, j'en réponds. »
    Causant ainsi, nous arrivons
    Jusque sur les bords de la Seine,

Et j'aperçois un paysan
Assis sur une large pierre,
Regardant l'eau couler d'un air impatient.
« L'ami, que fais-tu là ? — Monsieur, pour une affaire
Au village prochain je suis contraint d'aller.
Je ne vois point de pont pour passer la rivière,
Et j'attends que cette eau cesse enfin de couler. »

Mon ami, vous voilà; cet homme est votre image;
Vous perdez en projets les plus beaux de vos jours :
Si vous voulez passer, jetez-vous à la nage,
Car cette eau coulera toujours. »

VI

LE PRÊTRE DE JUPITER

Un prêtre de Jupiter,
Père de deux grandes filles,
Toutes deux assez gentilles,
De bien les marier fit son soin le plus cher.
Les prêtres de ce temps vivoient de sacrifices,
Et n'avoient point de bénéfices :
La dot étoit fort mince. Un jeune jardinier
Se présenta pour gendre : on lui donna l'aînée.

  Bientôt après cet hyménée,
La cadette devint la femme d'un potier.
A quelques jours de là, chaque épouse établie
  Chez son époux, le père va les voir.
  « Bonjour, dit-il : je viens savoir
Si le choix que j'ai fait rend heureuse ta vie,
S'il ne te manque rien, si je peux y pourvoir.
  — Jamais, répond la jardinière,
  Vous ne fîtes meilleure affaire :
La paix et le bonheur habitent ma maison ;
Je tâche d'être bonne, et mon époux est bon ;
  Il sait m'aimer sans jalousie ;
  Je l'aime sans coquetterie :
Aussi tout est plaisir, tout jusqu'à nos travaux ;
Nous ne désirons rien, sinon qu'un peu de pluie
  Fasse pousser nos artichauts.
— C'est là tout ? — Oui vraiment. — Tu seras satisfaite,
Dit le vieillard : demain je célèbre la fête
  De Jupiter ; je lui dirai deux mots.
  Adieu, ma fille. — Adieu, mon père. »
Le prêtre de ce pas s'en va chez la potière
  L'interroger, comme sa sœur,
  Sur son mari, sur son bonheur.
« Oh ! répond celle-ci, dans mon petit ménage,
  Le travail, l'amour, la santé,
  Tout va fort bien en vérité ;
Nous ne pouvons suffire à la vente, à l'ouvrage :
Notre unique désir seroit que le soleil

Nous montrât plus souvent son visage vermeil,
  Pour sécher notre poterie.
  Vous, pontife du dieu de l'air,
Obtenez-nous cela, mon père, je vous prie ;
  Parlez pour nous à Jupiter.
  — Très volontiers, ma chère amie
Mais je ne sais comment accorder mes enfants :
  Tu me demandes du beau temps,
  Et ta sœur a besoin de pluie.
Ma foi, je me tairai, de peur d'être en défaut.
Jupiter, mieux que nous, sait bien ce qu'il nous faut ;
Prétendre le guider seroit folie extrême :
Sachons prendre le temps comme il veut l'envoyer.
L'homme est plus cher aux dieux qu'il ne l'est à lui-même :
  Se soumettre, c'est les prier. »

VII

LES DEUX CHAUVES

  Un jour deux chauves dans un coin
 Virent briller certain morceau d'ivoire :
Chacun d'eux veut l'avoir ; dispute et coups de poing.
Le vainqueur y perdit, comme vous pouvez croire,

Le peu de cheveux gris qui lui restoient encor.
  Un peigne étoit le beau trésor
  Qu'il eut pour prix de sa victoire.

VIII

LE LÉOPARD ET L'ÉCUREUIL

Un écureuil, sautant, gambadant sur un chêne,
Manqua sa branche, et vint, par un triste hasard,
  Tomber sur un vieux léopard
  Qui faisait sa méridienne.
Vous jugez s'il eut peur ! En sursaut s'éveillant,
  L'animal irrité se dresse,
  Et l'écureuil, s'agenouillant,
Tremble et se fait petit aux pieds de Son Altesse.
  Après l'avoir considéré,
Le léopard lui dit : « Je te donne la vie,
Mais à condition que de toi je saurai
Pourquoi cette gaîté, ce bonheur que j'envie,
Embellissent tes jours, ne te quittent jamais ;
  Tandis que moi, roi des forêts,
  Je suis si triste et je m'ennuie.
  — Sire, lui répond l'écureuil,
  Je dois à votre bon accueil

La vérité ; mais, pour la dire,
Sur cet arbre un peu haut je voudrois être assis.
— Soit, j'y consens ; monte. — J'y suis.
A présent je peux vous instruire.
Mon grand secret pour être heureux,
C'est de vivre dans l'innocence ;
L'ignorance du mal fait toute ma science.
Mon cœur est toujours pur, cela rend bien joyeux.
Vous ne connoissez pas la volupté suprême
De dormir sans remords ; vous mangez les chevreuils,
Tandis que je partage à tous les écureuils
Mes feuilles et mes fruits ; vous haïssez, et j'aime :
Tout est dans ces deux mots. Soyez bien convaincu
De cette vérité, que je tiens de mon père :
Lorsque notre bonheur nous vient de la vertu,
La gaîté vient bientôt de notre caractère. »

IX

PAN ET LA FORTUNE

Un jeune grand seigneur à des jeux de hasard
Avoit perdu sa dernière pistole,
Et puis joué sur sa parole ;
Il falloit payer sans retard :

Les dettes du jeu sont sacrées.
On peut faire attendre un marchand,
Un ouvrier, un indigent,
Qui nous a fourni ses denrées ;
Mais un escroc ! l'honneur veut qu'au même moment
On le paye, et très poliment.
La loi par eux fut ainsi faite.
Notre jeune seigneur, pour acquitter sa dette,
Ordonne une coupe de bois.
Aussitôt les ormes, les frênes,
Et les hêtres touffus, et les antiques chênes,
Tombent l'un sur l'autre à la fois.
Les faunes, les sylvains, désertent les bocages ;
Les dryades en pleurs regrettent leurs ombrages,
Et le dieu Pan, dans sa fureur,
Instruit que le jeu seul a causé ces ravages,
S'en prend à la Fortune. « O mère du malheur !
Dit-il, infernale furie !
Tu troubles à la fois les mortels et les dieux ;
Tu te plais dans le mal, et ta rage ennemie... »
Il parloit, lorsque dans ces lieux
Tout à coup paroît la déesse.
« Calme, dit-elle à Pan, le chagrin qui te presse :
Je n'ai point causé tes malheurs ;
Même aux jeux de hasard, avec certains joueurs,
Je ne fais rien. — Qui donc fait tout ? — L'adresse. »

X

LE PETIT CHIEN

La vanité nous rend aussi dupes que sots.

   Je me souviens, à ce propos,
Qu'au temps jadis, après une sanglante guerre
   Où, malgré les plus beaux exploits,
   Maint lion fut couché par terre,
   L'éléphant régna dans les bois.
   Le vainqueur, politique habile,
   Voulant prévenir désormais
Jusqu'au moindre sujet de discorde civile,
De ses vastes États exila pour jamais
La race des lions, son ancienne ennemie.
L'édit fut proclamé. Les lions affoiblis,
Se soumettant au sort qui les avoit trahis,
   Abandonnent tous leur patrie.
Ils ne se plaignent pas, ils gardent dans leur cœur
   Et leur courage et leur douleur.
Un bon vieux petit chien, de la charmante espèce
De ceux qui vont portant jusqu'au milieu du dos
   Une toison tombante à flots,
   Exhaloit ainsi sa tristesse :
« Il faut donc vous quitter, ô pénates chéris !

Un barbare, à l'âge où je suis,
M'oblige à renoncer aux lieux qui m'ont vu naître.
Sans appui, sans secours, dans un pays nouveau,
Je vais, les yeux en pleurs, demander un tombeau
    Qu'on me refusera peut-être.
O tyran, tu le veux ! allons, il faut partir. »
Un barbet l'entendit ; touché de sa misère :
« Quel motif, lui dit-il, peut t'obliger à fuir ?
— Ce qui m'y force ? ô Ciel ! Et cet édit sévère
Qui nous chasse à jamais de cet heureux canton ?...
— Nous ? — Non pas vous, mais moi. — Comment ! toi,
                        [mon cher frère ?
Qu'as-tu donc de commun...? — Plaisante question !
    Hé ! ne suis-je pas un lion ? »

XI

LE CHAT ET LES RATS

    Un angora, que sa maîtresse
    Nourrissoit de mets délicats,
    Ne faisoit plus la guerre aux rats ;
Et les rats, connoissant sa bonté, sa paresse,
Alloient, trottoient partout, et ne se gênoient pas.
Un jour, dans un grenier retiré, solitaire,

Où notre chat dormoit après un bon festin,
      Plusieurs rats viennent dans le grain
      Prendre leur repas ordinaire.
L'angora ne bougeoit. Alors mes étourdis
Pensent qu'ils lui font peur ; l'orateur de la troupe
      Parle des chats avec mépris.
      On applaudit fort, on s'attroupe,
      On le proclame général.
Grimpé sur un boisseau qui sert de tribunal :
« Braves amis, dit-il, courons à la vengeance.
De ce grain désormais nous devons être las ;
Jurons de ne manger désormais que des chats ;
On les dit excellents ; nous en ferons bombance. »
A ces mots, partageant son belliqueux transport,
Chaque nouveau guerrier sur l'angora s'élance,
      Et réveille le chat qui dort.
Celui-ci, comme on croit, dans sa juste colère,
      Couche bientôt sur la poussière
      Général, tribuns et soldats.
      Il ne s'échappa que deux rats,
Qui disoient en fuyant bien vite à leur tanière :
      « Il ne faut point pousser à bout
      L'ennemi le plus débonnaire.
On perd ce que l'on tient quand on veut gagner tout. »

XII

LE CROCODILE ET L'ESTURGEON

Sur la rive du Nil un jour deux beaux enfants
    S'amusoient à faire sur l'onde,
Avec des cailloux plats, ronds, légers et tranchants,
    Les plus beaux ricochets du monde.
Un crocodile affreux arrive entre deux eaux,
S'élance tout à coup, happe l'un des marmots,
Qui crie et disparoît dans sa gueule profonde.
L'autre fuit, en pleurant son pauvre compagnon.
    Un honnête et digne esturgeon,
    Témoin de cette tragédie,
S'éloigne avec horreur, se cache au fond des flots ;
Mais bientôt il entend le coupable amphibie
    Gémir et pousser des sanglots.
« Le monstre a des remords, dit-il ; ô Providence !
    Tu venges souvent l'innocence ;
    Pourquoi ne la sauves-tu pas?
Ce scélérat du moins pleure ses attentats ;
    L'instant est propice, je pense,
    Pour lui prêcher la pénitence :
Je m'en vais lui parler. » Plein de compassion,
    Notre saint homme d'esturgeon
    Vers le crocodile s'avance.

« Pleurez, lui cria-t-il, pleurez votre forfait ;
   Livrez votre âme impitoyable
Au remords, qui des dieux est le dernier bienfait,
Le seul médiateur entre eux et le coupable.
    Malheureux, manger un enfant !
Mon cœur en a frémi ; j'entends gémir le vôtre...
— Oui, répond l'assassin, je pleure en ce moment
   De regret d'avoir manqué l'autre. »

Tel est le remords du méchant.

XIII

LA TOURTERELLE ET LA FAUVETTE

  Une fauvette jeune et belle
S'amusoit à chanter tant que duroit le jour ;
  Sa voisine la tourterelle
Ne vouloit, ne savoit rien faire que l'amour.
« Je plains bien votre erreur, dit-elle à la fauvette ;
  Vous perdez vos plus beaux moments :
Il n'est qu'un seul plaisir, c'est d'avoir des amants.
Dites-moi, s'il vous plaît, quelle est la chansonnette
  Qui peut valoir un doux baiser?
  — Je me garderois bien d'oser
  Les comparer, répondit la chanteuse ;

Mais je ne suis point malheureuse,
J'ai mis mon bonheur dans mes chants. »
A ce discours, la tourterelle
En se moquant s'éloigna d'elle.
Sans se revoir elles furent dix ans.
Après ce long espace, un beau jour de printemps,
Dans la même forêt elles se rencontrèrent.
L'âge avoit bien un peu dérangé leurs attraits ;
Longtemps elles se regardèrent
Avant que de pouvoir se remettre leurs traits.
Enfin la fauvette polie
S'avance la première : « Eh ! bonjour, mon amie,
Comment vous portez-vous ? Comment vont les amants ?
— Ah ! ne m'en parlez pas, ma chère !
J'ai tout perdu, plaisirs, amis, beaux ans ;
Tout a passé comme une ombre légère.
J'ai cru que le bonheur étoit d'aimer, de plaire...
O souvenir cruel ! ô regrets superflus !
J'aime encore, on ne m'aime plus.
— J'ai moins perdu que vous, répondit la chanteuse :
Cependant je suis vieille et je n'ai plus de voix ;
Mais j'aime la musique, et suis encore heureuse
Lorsque le rossignol fait retentir ces bois. »

La beauté, ce présent céleste,
Ne peut, sans les talents, échapper à l'ennui :
La beauté passe, un talent reste,
On en jouit même en autrui.

XIV

LA SAUTERELLE

« C'en est fait, je quitte le monde ;
Je veux fuir pour jamais le spectacle odieux
Des crimes, des horreurs, dont sont blessés mes yeux.
    Dans une retraite profonde,
    Loin des vices, loin des abus,
Je passerai mes jours doucement à maudire
    Les méchants de moi trop connus.
    Seule ici-bas j'ai des vertus :
Aussi pour ennemi j'ai tout ce qui respire ;
Tout l'univers m'en veut ; homme, enfants, animaux,
    Jusqu'au plus petit des oiseaux,
    Tous sont occupés de me nuire.
Et qu'ai-je fait pourtant ?... que du bien. Les ingrats !
Ils me regretteront, mais après mon trépas. »
Ainsi se lamentoit certaine sauterelle,
    Hypocondre et n'estimant qu'elle.
    « Où prenez-vous cela, ma sœur
    Lui dit une de ses compagnes :
Quoi ! vous ne pouvez pas vivre dans ces campagnes
En broutant de ces prés la douce et tendre fleur,
Sans vous embarrasser des affaires du monde ?
    Je sais qu'en travers il abonde :

Il fut ainsi toujours, et toujours il sera ;
Ce que vous en direz grand'chose n'y fera.
D'ailleurs, où vit-on mieux ? Quant à votre colère
Contre ces ennemis qui n'en veulent qu'à vous,
  Je pense, ma sœur, entre nous,
   Que c'est peut-être une chimère,
Et que l'orgueil souvent donne ces visions. »
Dédaignant de répondre à ces sottes raisons,
La sauterelle part, et sort de la prairie,
    Sa patrie.
Elle sauta deux jours pour faire deux cents pas.
Alors elle se croit au bout de l'hémisphère,
Chez un peuple inconnu, dans de nouveaux États ;
  Elle admire ces beaux climats,
Salue avec respect cette rive étrangère.
  Près de là, des épis nombreux
Sur de longs chalumeaux, à six pieds de la terre,
Ondoyants et pressés se balançoient entre eux.
  « Ah ! que voilà bien mon affaire !
Dit-elle avec transport : dans ces sombres taillis
Je trouverai sans doute un désert solitaire ;
C'est un asile sûr contre mes ennemis »
La voilà dans le blé. Mais, dès l'aube suivante,
  Voici venir les moissonneurs.
  Leur troupe nombreuse et bruyante
S'étend en demi-cercle ; et, parmi les clameurs,
  Les ris, les chants des jeunes filles,
Les épis entassés tombent sous les faucilles ;

La terre se découvre, et les blés abattus
 Laissent voir les sillons tout nus.
« Pour le coup, s'écrioit la triste sauterelle,
Voilà qui prouve bien la haine universelle
Qui partout me poursuit : à peine en ce pays
A-t-on su que j'étois, qu'un peuple d'ennemis
 S'en vient pour chercher sa victime.
 Dans la fureur qui les anime,
Employant contre moi les plus affreux moyens,
De peur que je n'échappe ils ravagent leurs biens :
Ils y mettroient le feu, s'il étoit nécessaire.
Hé! Messieurs, me voilà, dit-elle en se montrant;
 Finissez un travail si grand ;
 Je me livre à votre colère. »
 Un moissonneur, dans ce moment,
Par hasard la distingue : il se baisse, la prend,
Et dit, en la jetant dans une herbe fleurie :
 « Va manger, ma petite amie. »

XV

LA GUÊPE ET L'ABEILLE

Dans le calice d'une fleur
La guêpe un jour voyant l'abeille,
S'approche en l'appelant sa sœur.

Ce nom sonne mal à l'oreille
De l'insecte plein de fierté,
Qui lui répond : « Nous sœurs ! ma mie,
Depuis quand cette parenté ?
— Mais c'est depuis toute la vie,
Lui dit la guêpe avec courroux ;
Considérez-moi, je vous prie :
J'ai des ailes tout comme vous,
Même taille, même corsage ;
Et, s'il vous en faut davantage,
Nos dards sont aussi ressemblants.
— Il est vrai, répliqua l'abeille ;
Nous avons une arme pareille,
Mais pour des emplois différents :
La vôtre sert votre insolence,
La mienne repousse l'offense ;
Vous provoquez, je me défends. »

XVI

LE HÉRISSON ET LES LAPINS

Il est certains esprits d'un naturel hargneux
    Qui toujours ont besoin de guerre ;
Ils aiment à piquer, se plaisent à déplaire,

Et montrent pour cela des talents merveilleux.
  Quant à moi, je les fuis sans cesse,
Eussent-ils tous les dons et tous les attributs ;
J'y veux de l'indulgence ou de la politesse :
   C'est la parure des vertus.

 Un hérisson, qu'une tracasserie
 Avoit forcé de quitter sa patrie,
  Dans un grand terrier de lapins
  Vint porter sa misanthropie.
 Il leur conta ses longs chagrins,
Contre ses ennemis exhala bien sa bile,
Et finit par prier les hôtes souterrains
  De vouloir lui donner asile.
  « Volontiers, lui dit le doyen ;
Nous sommes bonnes gens, nous vivons comme frères,
Et nous ne connoissons ni le tien ni le mien :
Tout est commun ici. Nos plus grandes affaires
  Sont d'aller, dès l'aube du jour,
Brouter le serpolet, jouer sur l'herbe tendre ;
Chacun, pendant ce temps, sentinelle à son tour,
Veille sur le chasseur qui voudroit nous surprendre ;
S'il l'aperçoit, il frappe, et nous voilà blottis.
  Avec nos femmes, nos petits,
  Dans la gaîté, dans la concorde,
Nous passons les instants que le Ciel nous accorde.
  Souvent ils sont prompts à finir ;
Les panneaux, les furets, abrègent notre vie :

Raison de plus pour en jouir.
Du moins, par l'amitié, l'amour et le plaisir,
Autant qu'elle a duré, nous l'avons embellie.
Telle est notre philosophie.
Si cela vous convient, demeurez avec nous,
Et soyez de la colonie ;
Sinon, faites l'honneur à notre compagnie
D'accepter à dîner, puis retournez chez vous. »
A ce discours plein de sagesse,
Le hérisson repart qu'il sera trop heureux
De passer ses jours avec eux.
Alors chaque lapin s'empresse
D'imiter l'honnête doyen,
Et de lui faire politesse.
Jusques au soir tout alla bien.
Mais, lorsque après souper la troupe réunie
Se mit à deviser des affaires du temps,
Le hérisson de ses piquants
Blesse un jeune lapin. « Doucement, je vous prie »,
Lui dit le père de l'enfant.
Le hérisson, se retournant,
En pique deux, puis trois, et puis un quatrième.
On murmure, on se fâche, on l'entoure en grondant.
« Messieurs, s'écria-t-il, mon regret est extrême ;
Il faut me le passer, je suis ainsi bâti,
Et je ne puis pas me refondre.
— Ma foi, dit le doyen, en ce cas, mon ami,
Tu peux aller te faire tondre. »

XVII

LE CHARLATAN

Sur le Pont-Neuf, entouré de badauds,
Un charlatan crioit à pleine tête :
« Venez, Messieurs ; accourez faire emplette
　　Du grand remède à tous les maux :
　　　C'est une poudre admirable
　　Qui donne de l'esprit aux sots,
De l'honneur aux fripons, l'innocence aux coupables,
　　　Aux vieilles femmes des amants,
Au vieillard amoureux une jeune maîtresse,
　　　Aux fous le prix de la sagesse,
　　　Et la science aux ignorants.
　　Avec ma poudre, il n'est rien dans la vie
　　　Dont bientôt on ne vienne à bout ;
Par elle on obtient tout, on sait tout, on fait tout ;
　　　C'est la grande encyclopédie. »
Vite je m'approchai pour voir ce beau trésor...
　　　C'étoit un peu de poudre d'or.

XVIII

LE CHIEN COUPABLE

« Mon frère, sais-tu la nouvelle?
Mouflar, le bon Mouflar, de nos chiens le modèle,
Si redouté des loups, si soumis au berger,
    Mouflar vient, dit-on, de manger
Le petit agneau noir, puis la brebis sa mère,
Et puis sur le berger s'est jeté furieux.
    — Seroit-il vrai? — Très vrai, mon frère.
    — A qui donc se fier, grands dieux! »
C'est ainsi que parloient deux moutons dans la plaine,
    Et la nouvelle étoit certaine.
    Mouflar, sur le fait même pris,
    N'attendoit plus que le supplice,
Et le fermier vouloit qu'une prompte justice
    Effrayât les chiens du pays.
  La procédure en un jour est finie,
Mille témoins pour un déposent l'attentat;
Récolés, confrontés, aucun d'eux ne varie;
Mouflar est convaincu du triple assassinat :
Mouflar recevra donc deux balles dans la tête
    Sur le lieu même du délit.
    A son supplice qui s'apprête
    Toute la ferme se rendit.

Les agneaux de Mouflar demandèrent la grâce ;
Elle fut refusée. On leur fit prendre place :
  Les chiens se rangèrent près d'eux,
Tristes, humiliés, mornes, l'oreille basse,
Plaignant, sans l'excuser, leur frère malheureux.
Tout le monde attendoit dans un profond silence.
Mouflar paroît bientôt, conduit par deux pasteurs.
Il arrive, et, levant au ciel ses yeux en pleurs,
  Il harangue ainsi l'assistance :
« O vous qu'en ce moment je n'ose et je ne puis
Nommer, comme autrefois, mes frères, mes amis,
  Témoins de mon heure dernière,
Voyez où peut conduire un coupable désir !
De la vertu quinze ans j'ai suivi la carrière ;
  Un faux pas m'en a fait sortir.
Apprenez mes forfaits. Au lever de l'aurore,
Seul, auprès du grand bois, je gardois le troupeau.
  Un loup vient, emporte un agneau,
  Et tout en fuyant le dévore.
Je cours, j'atteins le loup, qui, laissant son festin,
  Vient m'attaquer : je le terrasse,
  Et je l'étrangle sur la place.
C'étoit bien jusque-là ; mais, pressé par la faim,
De l'agneau dévoré je regarde le reste,
J'hésite, je balance... A la fin cependant
  J'y porte une coupable dent :
Voilà de mes malheurs l'origine funeste.
  La brebis vient dans cet instant ;

Elle jette des cris de mère...
La tête m'a tourné ; j'ai craint que la brebis
Ne m'accusât d'avoir assassiné son fils,
    Et, pour la forcer à se taire,
    Je l'égorge, dans ma colère.
Le berger accouroit armé de son bâton.
    N'espérant plus aucun pardon,
Je me jette sur lui ; mais bientôt on m'enchaîne,
    Et me voici prêt à subir
    De mes crimes la juste peine.
Apprenez tous du moins, en me voyant mourir,
    Que la plus légère injustice
Aux forfaits les plus grands peut conduire d'abord,
    Et que, dans le chemin du vice,
    On est au fond du précipice
    Dès qu'on met un pied sur le bord. »

XIX

JUPITER ET MINOS

« Mon fils, disoit un jour Jupiter à Minos,
    Toi qui juges la race humaine,
Explique-moi pourquoi l'enfer suffit à peine
Aux nombreux criminels que t'envoie Atropos.

Fables de Florian.

Quel est de la vertu le fatal adversaire
Qui corrompt à ce point la foible humanité ?
C'est, je crois, l'intérêt. — L'intérêt ? Non, mon père.
— Et qu'est-ce donc ? — L'oisiveté. »

XX

L'AUTEUR ET LES SOURIS

Un auteur se plaignoit que ses meilleurs écrits
    Étoient rongés par les souris.
    Il avoit beau changer d'armoire,
    Avoir tous les pièges à rats
      Et de bons chats,
  Rien n'y faisoit : prose, vers, drame, histoire,
Tout étoit entamé ; les maudites souris
Ne respectoient pas plus un héros et sa gloire,
    Ou le récit d'une victoire,
    Qu'un petit bouquet à Chloris.
Notre homme au désespoir, et, l'on peut bien m'en croire,
Pour y mettre un auteur peu de chose suffit,
Jette un peu d'arsenic au fond de l'écritoire ;
    Puis, dans sa colère, il écrit.
Comme il le prévoyoit, les souris grignotèrent,
      Et crevèrent.

C'est bien fait, direz-vous ; cet auteur eut raison.
Je suis loin de le croire : il n'est point de volume
   Qu'on n'ait mordu, mauvais ou bon ;
   Et l'on déshonore sa plume
   En la trempant dans du poison.

ÉPILOGUE

C'est assez, suspendons ma lyre,
Terminons ici mes travaux.
Sur nos vices, sur nos défauts,
J'aurois encor beaucoup à dire ;
Mais un autre le dira mieux.
Malgré ses efforts plus heureux,
L'orgueil, l'intérêt, la folie,
Troubleront toujours l'univers.
Vainement la philosophie
Reproche à l'homme ses travers;
Elle y perd sa prose et ses vers.
Laissons, laissons aller le monde
Comme il lui plaît, comme il l'entend;
Vivons caché, libre et content
Dans une retraite profonde.
Là, que faut-il pour le bonheur?
La paix, la douce paix du cœur,

ÉPILOGUE

Le désir vrai qu'on nous oublie ;
Le travail, qui sait éloigner
Tous les fléaux de notre vie ;
Assez de bien pour en donner,
Et pas assez pour faire envie.

APPENDICE

APPENDICE

I

L'ENFANT ET LE DATTIER

Non loin des rochers de l'Atlas,
Au milieu des déserts, où cent tribus errantes
Promènent au hasard leurs chameaux et leurs tentes,
Un jour, certain enfant précipitoit ses pas.
C'étoit le jeune fils de quelque musulmane
     Qui s'en alloit en caravane :
Quand sa mère dormoit, il couroit le pays.
Dans un ravin profond, loin de l'aride plaine,
     Notre enfant trouve une fontaine ;
Auprès, un beau dattier, tout couvert de ses fruits.
« Oh ! quel bonheur ! dit-il, ces dattes, cette eau claire,
M'appartiennent ; sans moi, dans ce lieu solitaire,
     Ces trésors cachés, inconnus,

Demeuroient à jamais perdus.
Je les ai découverts, ils sont ma récompense. »
Parlant ainsi, l'enfant vers le dattier s'élance
Et jusqu'à son sommet tâche de se hisser.
   L'entreprise étoit périlleuse ;
L'écorce, tantôt nue et tantôt raboteuse,
Lui déchiroit les mains ou les faisoit glisser.
Deux fois il retomba ; mais, d'une ardeur nouvelle,
  Il recommence de plus belle,
  Et parvient enfin, haletant,
  A ces fruits qu'il désiroit tant.
  Il se jette alors sur les dattes,
Se tenant d'une main, de l'autre fourrageant,
    Et mangeant
  Sans choisir les plus délicates.
  Tout à coup voilà notre enfant
  Qui réfléchit et qui descend.
  Il court chercher sa bonne mère,
  Prend avec lui son jeune frère,
Les conduit au dattier. Le cadet, incliné,
  S'appuyant au tronc qu'il embrasse,
  Présente son dos à l'aîné ;
  L'autre y monte, et de cette place,
Libre de ses deux bras, sans efforts, sans danger,
Cueille et jette les fruits ; la mère les ramasse,
Puis sur un linge blanc prend soin de les ranger.
La récolte achevée et la nappe étant mise,
  Les deux frères tranquillement,

Souriant à leur mère au milieu d'eux assise,
Viennent au bord de l'eau faire un repas charmant.

De la société ceci nous peint l'image :
Je ne connois de biens que ceux que l'on partage.
Cœurs dignes de sentir le prix de l'amitié,
     Retenez cet ancien adage :
    Le tout ne vaut pas la moitié.

II

LE CHAT ET LE MOINEAU

    La prudence est bonne de soi ;
Mais la pousser trop loin est une duperie :
    L'exemple suivant en fait foi.

Des moineaux habitoient dans une métairie.
Un beau champ de millet, voisin de la maison,
    Leur donnoit du grain à foison.
Ces moineaux dans le champ passoient toute leur vie,
Occupés de gruger les épis de millet.
Le vieux chat du logis les guettoit d'ordinaire,
Tournoit et retournoit ; mais il avoit beau faire,
Sitôt qu'il paroissoit, la bande s'envoloit.

Comment les attraper ? Notre vieux chat y songe,
  Médite, fouille en son cerveau,
Et trouve un tour tout neuf. Il va tremper dans l'eau
  Sa patte, dont il fait éponge.
Dans du millet en grain aussitôt il la plonge ;
  Le grain s'attache tout autour.
Alors, à cloche-pied, sans bruit, par un détour,
  Il va gagner le champ, s'y couche
  La patte en l'air et sur le dos,
  Ne bougeant non plus qu'une souche.
Sa patte ressembloit à l'épi le plus gros ;
L'oiseau s'y méprenoit ; il approchoit sans crainte,
Venoit pour becqueter : de l'autre patte, crac !
  Voilà mon oiseau dans le sac.
  Il en prit vingt par cette feinte.
Un moineau s'aperçoit du piège scélérat
  Et prudemment fuit la machine ;
  Mais dès ce jour il s'imagine
Que chaque épi de grain étoit patte de chat.
  Au fond de son trou solitaire
  Il se retire et plus n'en sort,
  Supporte la faim, la misère,
  Et meurt pour éviter la mort.

III

LE ROI DE PERSE

Un roi de Perse, certain jour,
Chassoit avec toute sa cour ;
Il eut soif, et dans cette plaine
On ne trouvoit point de fontaine.
Près de là seulement étoit un grand jardin
Rempli de beaux cédrats, d'oranges, de raisin.
« A Dieu ne plaise que j'en mange !
Dit le roi, ce jardin courroit trop de danger :
Si je me permettois d'y cueillir une orange,
Mes vizirs aussitôt mangeroient le verger. »

IV

LE LINOT

Une linotte avoit un fils
Qu'elle adoroit selon l'usage ;
C'étoit l'unique fruit du plus doux mariage
Et le plus beau linot qui fût dans le pays.

Sa mère en étoit folle, et tous les témoignages
Que peuvent inventer la tendresse et l'amour
Étoient pour cet enfant épuisés chaque jour.
Notre jeune linot, fier de ces avantages,
Se croyoit un phénix, prenoit l'air suffisant,
  Tranchoit du petit important
   Avec les oiseaux de son âge,
Persifiait la mésange ou bien le roitelet,
  Donnoit à chacun son paquet,
Et se faisoit haïr de tout le voisinage.
Sa mère lui disoit : « Mon cher fils, sois plus sage,
Plus modeste surtout. Hélas ! je conçois bien
Les dons, les qualités, qui furent ton partage ;
  Mais feignons de n'en savoir rien
  Pour qu'on les aime davantage. »
  A tout cela notre linot
  Répondoit par quelque bon mot.
La mère en gémissoit dans le fond de son âme.
  Un vieux merle, ami de la dame,
Lui dit : « Laissez aller votre fils au grand bois ;
  Je vous réponds qu'avant un mois
Il sera sans défauts. » Vous jugez des alarmes
De la mère, qui pleure et frémit du danger ;
Mais le jeune linot brûloit de voyager :
  Il partit donc malgré ses larmes.
  A peine est-il dans la forêt
  Que notre petit personnage
  Du pivert entend le ramage

Et se moque de son fausset.
Le pivert, qui prit mal cette plaisanterie,
Vient à bons coups de bec plumer le persifleur,
  Et, deux jours après, une pie
Le dégoûte à jamais du métier de railleur.
Il lui restoit encor la vanité secrète
  De se croire excellent chanteur ;
  Le rossignol et la fauvette
  Le guérirent de son erreur.
  Bref, il retourna chez sa mère
  Doux, poli, modeste et charmant.
Ainsi l'adversité fit dans un seul moment
Ce que tant de leçons n'avoient jamais pu faire.

V

LE PERROQUET CONFIANT

« *Cela ne sera rien*, disent certaines gens
  Lorsque la tempête est prochaine ;
Pourquoi nous affliger avant que le mal vienne ? »
Pourquoi ? Pour l'éviter, s'il en est encor temps.
  Un capitaine de navire,
  Fort brave homme, mais peu prudent,
  Se mit en mer malgré le vent.

Le pilote avoit beau lui dire
Qu'il risquoit sa vie et son bien,
Notre homme ne faisoit qu'en rire,
Et répétoit toujours : *Cela ne sera rien.*
Un perroquet de l'équipage,
A force d'entendre ces mots,
Les retint et les dit pendant tout le voyage.
Le navire égaré voguoit au gré des flots,
Quand un calme plat vous l'arrête.
Les vivres tiroient à leur fin ;
Point de terre voisine, et bientôt plus de pain.
Chacun des passagers s'attriste, s'inquiète ;
Notre capitaine se tait.
Cela ne sera rien, crioit le perroquet.
Le calme continue ; on vit vaille que vaille·
Il ne reste plus de volaille :
On mange les oiseaux, triste et dernier moyen !
Perruches, cardinaux, catacois, tout y passe :
Le perroquet, la tête basse,
Disoit plus doucement : *Cela ne sera rien.*
Il pouvoit encor fuir, sa cage étoit trouée ;
Il attendit, il fut étranglé bel et bien ;
Et, mourant, il crioit d'une voix enrouée :
Cela... cela ne sera rien.

VI

L'AIGLE ET LA COLOMBE

A Madame de Montesson

O vous qui sans esprit plairiez par vos attraits,
Et de qui l'esprit seul suffiroit pour séduire,
Vous qui du blond Phébus savez toucher la lyre
  Et de l'Amour lancer les traits,
  Toute louable que vous êtes,
Je ne vous louerai point; allez, rassurez-vous :
  Ce seroit vous mettre en courroux,
Je le sais; cependant les belles, les poètes,
Aiment assez l'encens. Vous êtes tout cela,
Et vous ne l'aimez point : j'en resterai donc là;
  Mais ne vous fâchez pas si j'ose
Parler toujours de vous en parlant d'autre chose.

Un aigle, fils des rois de l'empire de l'air,
  Sur le soleil fixant sa vue,
Ne vivoit, ne planoit qu'au delà de la nue,
Et ne se reposoit qu'aux pieds de Jupiter.
Cet aigle s'ennuyoit; le soleil et l'Olympe,
  Lorsque sans cesse l'on y grimpe,
  Finissent par être ennuyeux.

Notre aigle donc, lassé des cieux,
Descend sur un rocher. Près de lui vient se rendre
Une blanche colombe, aux yeux doux, à l'air tendre,
Et dont le seul aspect faisoit passer au cœur
Ce calme qui toujours annonce le bonheur.
L'aigle s'approche d'elle, et, plein de confiance,
  Lui raconte son déplaisir.
La colombe répond : « Petite est ma science,
Mais je crois cependant que je peux vous guérir ;
  Daignez me suivre dans la plaine. »
Elle dit ; l'aigle part. La colombe le mène
Dans les vallons fleuris, au bord des clairs ruisseaux,
  Lui montre mille objets nouveaux,
  Le fait reposer sous l'ombrage,
Ensuite le conduit sur de riants coteaux,
  Et puis le ramène au bocage,
  Où du rossignol le ramage
  Faisoit retentir les échos.
  Ce n'est tout, elle sait encore
Doubler chaque plaisir de son royal amant
  Par le charme du sentiment.
  De plus en plus l'aigle l'adore ;
  Bientôt ils s'unissent tous deux :
  Leur félicité s'en augmente,
  Et, lorsque notre aigle amoureux
Vouloit remercier son épouse charmante
D'avoir enfin trouvé l'art de le rendre heureux,
  Il lui disoit d'une voix attendrie :

« Le bonheur n'est pas dans les cieux :
Il est près d'une bonne amie. »

VII

LE LION ET LE LÉOPARD

Un valeureux lion, roi d'une immense plaine,
Désiroit de la terre une plus grande part,
Et vouloit conquérir une forêt prochaine,
    Héritage d'un léopard.
L'attaquer n'étoit pas chose bien difficile ;
Mais le lion craignoit les panthères, les ours,
Qui se trouvoient placés juste entre les deux cours.
Voici comment s'y prit notre monarque habile :
Au jeune léopard, sous prétexte d'honneur,
    Il députe un ambassadeur ;
C'étoit un vieux renard. Admis à l'audience,
Du jeune roi d'abord il vante la prudence,
Son amour pour la paix, sa bonté, sa douceur,
    Sa justice et sa bienfaisance ;
Puis, au nom du lion, propose une alliance
    Pour exterminer tout voisin
    Qui méconnoîtra leur puissance.
Le léopard accepte ; et, dès le lendemain,

Nos deux héros, sur leurs frontières,
Mangent à qui mieux mieux les ours et les panthères.
Cela fut bientôt fait ; mais, quand les rois amis,
   Partageant le pays conquis,
   Fixèrent leurs bornes nouvelles,
  Il s'éleva quelques querelles :
Le léopard lésé se plaignit du lion ;
   Celui-ci montra sa denture
  Pour prouver qu'il avoit raison ;
Bref, on en vint aux coups. La fin de l'aventure
  Fut le trépas du léopard :
   Il apprit alors, un peu tard,
Que contre les lions les meilleures barrières
Sont les petits États des ours et des panthères.

VIII

LE COQ FANFARON

  Il fait bon battre un glorieux ;
Des revers qu'il éprouve il est toujours joyeux,
Toujours sa vanité trouve dans sa défaite
  Un moyen d'être satisfaite.

  Un coq sans force et sans talent
  Jouissoit, on ne sait comment,

   D'une certaine renommée.
Cela se voit, dit-on, chez la gent emplumée,
Et chez d'autres encore. Insolent comme un sot,
Notre coq traita mal un poulet de mérite.
   La jeunesse aisément s'irrite.
Le poulet offensé le provoque aussitôt,
Et, le cou tout gonflé, sur lui se précipite.
   Dans l'instant le coq orgueilleux
Est battu, déplumé, reçoit mainte blessure;
Et, si l'on n'eût fini ce combat dangereux,
   Sa mort terminoit l'aventure.
Quand le poulet fut loin, le coq, en s'épluchant,
Disoit : « Cet enfant-là m'a montré du courage;
   J'ai beaucoup ménagé son âge,
   Mais de lui je suis fort content. »
Un coq vieux et cassé, témoin de cette histoire,
   La répandit et s'en moqua.
   Notre fanfaron l'attaqua,
Croyant facilement remporter la victoire.
Le brave vétéran, de lui trop mal connu,
En quatre coups de bec lui partage la crête,
Le dépouille en entier des pieds jusqu'à la tête,
   Et le laisse là presque nu.
   Alors notre coq, sans se plaindre,
Dit : « C'est un bon vieillard; j'en ai bien peu souffert,
   Mais je le trouve encore vert,
Et dans son jeune temps il devoit être à craindre. »

IX

L'AIGLE ET LE HIBOU

A Ducis.

L'oiseau qui porte le tonnerre,
Disgracié, banni du céleste séjour
    Par une cabale de cour,
    S'en vint habiter sur la terre.
Il erroit dans les bois, songeant à son malheur,
    Triste, dégoûté de la vie,
    Malade de la maladie
    Que laisse après soi la grandeur.
    Un vieux hibou, du creux d'un hêtre,
  L'entend gémir, se met à sa fenêtre,
Et lui prouve bientôt que la félicité
Consiste dans trois points : travail, paix et santé
    L'aigle est touché de ce langage.
« Mon frère, répond-il (les aigles sont polis
Lorsqu'ils sont malheureux), que je vous trouve sage!
Combien votre raison, vos excellents avis,
M'inspirent le désir de vous voir davantage
    De vous imiter, si je puis !
Minerve, en vous plaçant sur sa tête divine,
    Connoissoit bien tout votre prix ;

C'est avec elle, j'imagine,
  Que vous en avez tant appris.
— Non, répond le hibou, j'ai bien peu de science ;
Mais je sais me suffire, et j'aime le silence,
L'obscurité surtout. Quand je vois des oiseaux
Se disputer entre eux la force, le courage,
Ou la beauté du chant, ou celle du plumage,
Je ne me mêle point parmi tant de rivaux,
  Et me tiens dans mon ermitage.
Si malheureusement, le matin, dans le bois,
Quelque étourneau bavard, quelque méchante pie
M'aperçoit, aussitôt leur glapissante voix
Appelle de partout une troupe étourdie,
  Qui me poursuit et m'injurie :
Je souffre, je me tais ; et, dans ce chamaillis,
  Seul, de sang-froid et sans colère,
M'esquivant doucement de taillis en taillis,
Je regagne à la fin ma retraite si chère.
Là, solitaire et libre, oubliant tous mes maux,
Je laisse les soucis, les craintes, à la porte :
Voilà tout mon savoir : *Je m'abstiens, je supporte ;*
  La sagesse est dans ces deux mots. »

Tu me l'as dit cent fois, cher Ducis, tes ouvrages,
  Tes beaux vers, tes nombreux succès,
Ne sont rien, à tes yeux, auprès de cette paix
  Que l'innocence donne aux sages.
Quand, de l'Eschyle anglois heureux imitateur,

Je te vois, d'une main hardie,
Porter sur la scène agrandie
Les crimes de Macbeth, de Léar le malheur,
La gloire est un besoin pour ton âme attendrie,
Mais elle est un fardeau pour ton sensible cœur.
Seul au fond d'un désert, au bord d'une onde pure,
Tu ne veux que ta lyre, un saule et la nature :
    Le vain désir d'être oublié
    T'occupe et te charme sans cesse;
    Ah! souffre au moins que l'amitié
    Trompe en ce seul point ta sagesse.

X

LE POISSON VOLANT

Certain poisson volant, mécontent de son sort,
    Disoit à sa vieille grand'mère :
    « Je ne sais comment je dois faire
    Pour me préserver de la mort.
De nos aigles marins je redoute la serre
    Quand je m'élève dans les airs,
    Et les requins me font la guerre
    Quand je me plonge au fond des mers. »
La vieille lui répond : « Mon enfant, dans ce monde,

Lorsqu'on n'est pas aigle ou requin,
Il faut tout doucement suivre un petit chemin,
En nageant près de l'air et volant près de l'onde. »

XI

LES DEUX SŒURS

ou

LA GLOIRE ET LA VERTU

FABLE ADRESSÉE

A Madame la duchesse d'Orléans et à Monseigneur le prince Henri qui avoient fait à l'auteur l'honneur de venir déjeuner chez lui.

La Gloire, lasse de travaux,
Se mit à voyager. Sa suite étoit brillante :
C'étoient des guerriers, des héros,
Qui partout semoient l'épouvante ;
On encensoit la Gloire en mourant de frayeur.
Elle étoit pourtant bonne femme,
Aimable et fière avec douceur.
Bientôt sur son chemin elle trouve une dame

Grande, noble, modeste et simple en ses habits ;
La candeur se peignoit sur son front sans nuage,
   L'aménité sur son visage,
   Et la bonté dans son souris.
   A sa suite quelques amis,
Peu nombreux, mais bien sûrs, formoient sa cour fidèle ;
L'air qu'elle respiroit en devenoit plus pur.
A peine de ses yeux la Gloire a vu l'azur
Qu'elle court à ses pieds. « Je vous cherche, dit-elle ;
   De mes jours voici le plus beau.
Je vous suivrai partout, un sentiment nouveau
M'avertit que vous seule êtes le bien suprême.
J'ai triomphé souvent ; c'est un triste plaisir :
   Je trouve plus doux de servir
   L'objet qu'on révère et qu'on aime. »
Elle dit. La Vertu la traite comme sœur,
   Ensemble elles font le voyage.
Toutes deux y gagnoient : la Gloire, le bonheur
   La Vertu, son plus digne hommage.

   Ce matin dans mon ermitage
   J'ai reçu ce couple enchanteur.

XII

L'AIGLE ET LA FOURMI

PAR M. DE FLORIAN

En envoyant ses Fables à M. Hérivaux.

Du dieu qui lance le tonnerre
Un beau jour l'oiseau favori,
Dirigeant son vol sur la terre,
S'abattit justement tout près d'une fourmi,
Qui parmi la fougère,
Non loin de ses foyers,
En bonne ménagère
Alloit, venoit, pour remplir ses greniers.
Jugez de sa surprise en voyant si près d'elle
Le superbe habitant du céleste séjour.
L'aigle ne la vit point; sa brillante prunelle
Ne sut jamais fixer que le flambeau du jour.
L'insecte veut d'abord regagner sa cellule;
Il s'arrête, il hésite, il avance, il recule;
Un désir curieux s'oppose à son retour,
Et bientôt, bannissant un frivole scrupule,
Au roi des airs il veut faire sa cour.
Méditant sa harangue et composant sa mine,

Vers l'aigle sur-le-champ la fourmi s'achemine.
« O vous, dit-elle, ô vous qu'en ces champêtres lieux
Pour la première fois aperçoivent mes yeux,
Excusez-moi, Seigneur, si je vous importune,
   Et souffrez qu'un moment
Je goûte auprès de vous le doux contentement
  Que m'offre ma bonne fortune.
  Par quelques mets dignes de vous
Je voudrois vous prouver mon respect et mon zèle;
Mais une humble fourmi n'a que ses vœux pour elle,
Et le riche Plutus, de ses trésors jaloux,
Ne m'en donna jamais la plus simple parcelle.
  Pour moi daignez être indulgent,
Et des grains qu'amassa ma pénible industrie
   Que Votre Seigneurie
   Accepte le présent.
   Si de ma foible offrande
   Vous faites quelque cas,
Du sort j'aurai reçu la faveur la plus grande;
De ses longues rigueurs je ne me plaindrai pas. »
  L'aigle sourit à notre discoureuse,
  Et, déployant son aile vigoureuse,
Il l'aide à s'y placer ; puis, dans l'air s'élançant,
    En un instant
Il l'emporte au-dessus de la voûte azurée,
Interdite, confuse, à peine rassurée.
  Là, dans un palais enchanté
Où de tableaux charmants une suite choisie

Flatte l'esprit, le cœur, par sa variété,
Il l'accueille, et, d'un air rempli de courtoisie,
Pour un peu de millet par elle présenté,
    Il lui prodigue avec bonté
    Et le nectar et l'ambroisie.

NOTES

Page 26, lignes 11-12. Aphthonius et Gabrias, ou Babrias, sont des fabulistes grecs que Florian a, par distraction, mêlés avec les latins.

41, 3. Almamon, ou Al-Mamoun, septième calife abbasside, fils d'Haroun-al-Raschid, est célèbre par son amour pour les sciences et les lettres.

— On sait que l'anecdote racontée dans cette fable a été mise en vers par Andrieux sous le titre du *Meunier de Sans-Souci*.

44, 24. *Marais*, c'est-à-dire un terrain qui a été un marais : d'où le nom de maraîcher donné aux jardiniers qui cultivent les terrains de cette sorte.

47, 17. *Son confident*, c'est-à-dire son miroir.

56, 3. On crie à quelqu'un qui n'y voit pas : « Gare le pot au noir ! » pour l'empêcher de se heurter.

61, 4. Le sarigue est une sorte de renard du Pérou.

— 5. Mme de La Briche, belle-mère du comte Molé, avait dans le Marais un salon où se réunissait une société d'élite, et où Florian fit représenter plusieurs de ses comédies.

— 7. On disait alors *prétendre une chose*, au lieu de *prétendre à une chose*.

71, 3. Rodilard, *Rodilardus*, c'est-à-dire *ronge-lard*, nom de chat inventé par Rabelais et adopté aussi par La Fontaine.

P. 73, l. 5. Les Prussiens passaient déjà pour les soldats les mieux exercés de l'Europe.

80, 4. *Talapoin*, nom donné par les Européens à des prêtres de l'Inde.

82, 11. *Mauvaise compagnie*, à cause du bavardage attribué à la pie.

84, 4-5. *Se livrer en proie* à la joie est une façon de parler assez étrange. On peut être en proie à la douleur, regardée comme faisant de nous sa proie, mais l'idée de joie répugne à l'emploi de cette expression.

90, 20. *Cloqueter*, piauler ; mot omis par le dictionnaire de l'Académie, et que Littré n'a pas relevé non plus.

91, 28. Diomède, s'étant introduit la nuit dans le camp des Troyens, en fit un grand carnage et tua Rhésus, roi de Thrace.

94, 3. Myson est l'un des sept sages de la Grèce.

96, 22. *Chacun* appelait ici *ses*, et non *leurs* ; mais nous avons dû respecter le texte de Florian.

97, 14. Sirius est le nom de la plus brillante des étoiles fixes, qu'on appelle aussi *Canicule* parce qu'elle fait partie de la constellation du Grand Chien, ou Canicule. Cette constellation se levant et se couchant en même temps que le soleil pendant les mois de juillet et d'août, on lui a attribué les grandes chaleurs, et l'on a donné encore le nom de canicule au temps pendant lequel elles durent.

98, 8. *Saigner*, c'est-à-dire faire une tranchée pour l'écoulement des eaux.

102, 13. *Philomèle* est ici pour le rossignol, parce que c'est en rossignol que, suivant la Fable, fut changée Philomèle, fille de Pandion, roi d'Athènes. On remarquera d'ailleurs que, d'après son étymologie grecque, Philomèle signifie : qui aime le chant.

NOTES

P. 108, l. 4. *Sans entour,* sans entourage. Ce mot ne s'emploie guère qu'au pluriel.

109, 7. Alphonse X, roi de Léon et de Castille, était fils de Ferdinand le Saint. L'Espagne lui doit un recueil de lois, des tables astronomiques, et la première histoire générale du pays écrite en castillan.

117, 12. *Cadets... sans fortune,* à cause du droit d'aînesse qui attribuait l'héritage des parents au premier-né.

120, 14. *Sanguinaire* veut dire qui aime à répandre le sang, et ne peut s'employer pour *sanglant.*

133, 16. Ce vers rappelle beaucoup celui de La Fontaine dans *le Coq et le Renard :*

Car c'est double plaisir de tromper le trompeur.

140, 15. Il s'agit ici de Philippe V, petit-fils de Louis XIV, et qui fut appelé au trône d'Espagne par le testament de Charles II, mort sans héritier.

141, 15. L'archiduc Charles, parent de Charles II, qui était de la maison d'Autriche, réclama la couronne d'Espagne après l'avènement de Philippe V; l'Europe, hostile à Louis XIV, forma une grande ligue pour le soutenir, et c'est alors qu'eut lieu la guerre connue sous le nom de *Guerre de la succession d'Espagne.*

145, 6, 7. C'est sur le quai de la Ferraille, habité par les oiseliers, et où se tenait aussi le marché aux fleurs, que les recruteurs d'hommes faisaient leurs enrôlements.

— Pour l'intelligence de cette fable, il ne faut pas perdre de vue que le perroquet est vert, le cardinal rouge, et le serin jaune.

149, 19. C'est à Cannes qu'Annibal mit en pièces une armée de Romains de quatre-vingt mille hommes.

161, 11. Céladon est le nom d'un héros de l'*Astrée,* roman de d'Urfé, et dont on a fait depuis le type du soupirant langoureux et ridicule.

162, 7. Il faudrait ici *s'amasser,* et non *amasser.*

Fables de Florian.

P. 174, l. 11. Quoique *bien* ait ici le sens d'exactement, il fait un singulier effet venant à la suite de *mieux*.

179, 13. Il y a une espèce de chiens qu'on appelle *chiens-lions*.

191, 18. *Déposent l'attentat*, pour *déposent sur l'attentat*, n'est guère admissible.

— 22. *Délit* est un peu faible pour qualifier le crime de Mouflar qui vient de manger un agneau et de tuer la mère.

203, 7. *Le tout ne vaut pas la moitié...* quand on donne l'autre moitié à ceux qu'on aime

209, 3. La marquise de Montesson (Jeanne Béraud de Lahaye de Riou), femme très lettrée et tante de Mme de Genlis, fut mariée secrètement, en 1772, au duc d'Orléans, grand-père du roi Louis-Philippe.

215, 15. *Chamaillis*, bruit de gens qui se querellent, se chamaillent.

— 27. *L'Eschyle anglais*, c'est-à-dire Shakspeare.

216, 7. Allusion à la célèbre romance du *Saule* de la tragédie d'*Othello*.

TABLE ALPHABÉTIQUE

DES FABLES

Aigle (l') et la Colombe. App., 6.
Aigle (l') et la Fourmi. App., 12.
Aigle (l') et le Hibou. App., 9.
Amour (l') et sa Mère. III, 20.
Ane (l') et la Flûte. V, 4.
Auteur (l') et les Souris. V, 20.
Avare (l') et son Fils. IV, 9.
Aveugle (l') et le Paralytique. I, 58.

Balance (la) de Minos. III, 12.
Berger (le) et le Rossignol. V, 1.
Bœuf (le), le Cheval et l'Ane. I, 7.
Bonhomme (le) et le Trésor. II, 2.
Bouvreuil (le) et le Corbeau. II, 9.
Brebis (la) et le Chien. II, 4.

Calife (le). I, 8.
Carpe (la) et les Carpillons. I, 2.
Charlatan (le). V, 17.
Château (le) de cartes. I, 14.
Chat (le) et la Lunette. I, 16.
Chat (le) et le Miroir. I, 6.
Chat (le) et le Moineau. App., 2.

Chat (le) et les Rats. V, 11.
Chenille (la). III, 13.
Cheval (le) et le Poulain. II, 10.
Chien (le) coupable. V, 18.
Chien (le) et le Chat. I, 9.
Colombe (la) et son Nourrisson. V, 3.
Coq (le) fanfaron. App., 8.
Coquette (la) et l'Abeille. I, 12.
Courtisan (le) et le dieu Protée. IV, 3.
Crocodile (le) et l'Esturgeon. V, 12.

Danseur (le) de corde et le Balancier. II, 16.
Dervis (le), la Corneille et le Faucon. III, 11.
Deux (les) Bacheliers. III, 3.
Deux (les) Chats. II, 6.
Deux (les) Chauves. V, 7.
Deux (les) Jardiniers. I, 10.
Deux (les) Lions. V, 2.
Deux (les) Paysans et le Nuage. IV, 17.
Deux (les) Persans. II, 18.
Deux (les) Sœurs, ou la Gloire et la Vertu. App., 11.
Deux (les) Voyageurs. I, 4.
Don Quichotte. IV, 19.

Écureuil (l'), le Chien et le Renard. IV, 2.
Education (l') du lion. II, 14.
Enfant (l') et le Dattier. App., 1.
Enfant (l') et le Miroir. II, 8.
Enfants (les) et les Perdreaux. III, 15.
Éléphant (l') blanc. II, 11.
Épilogue. V, fin.

Fable (la) et la Vérité. I, 1.
Fauvette (la) et le Rossignol. IV, 13.

Grillon (le). II, 15.
Guenon (la), le Singe et la Noix. IV, 18.
Guêpe (la) et l'Abeille. V, 15.

Habit (l') d'Arlequin. IV, 10.
Hercule au ciel. III, 10.
Hérisson (le) et les Lapins. V, 16.
Hermine (l'), le Castor et le Sanglier. III, 14.
Hibou (le), le Chat, l'Oison et le Rat. III, 18.
Hibou (le) et le Pigeon. IV, 4.

Inondation (l'). III, 2.

Jeune (le) Homme et le Vieillard. I, 17.
Jeune (la) Poule et le Vieux Renard. II, 17.
Jupiter et Minos. V, 19.

Laboureur (le) de Castille. IV, 7.
Lapin (le) et la Sarcelle. IV, 11.
Léopard (le) et l'Écureuil. V, 8.
Lierre (le) et le Thym. I, 15.
Lièvre (le), ses Amis et les Deux Chevreuils. III, 6.
Linot (le). App., 4.
Lion (le) et le Léopard. App., 7.

Mère (la), l'Enfant et les Sarigues. II, 1.
Milan (le) et le Pigeon. IV, 12.
Miroir (le) de la Vérité. IV, 16.
Mort (la). I, 13.
Myson. II, 19.

Pacha (le) et le Dervis. IV, 6.
Pan et la Fortune. V, 9.
Pandore. I, 21.
Paon (le), les deux Oisons et le Plongeon IV, 8.
Parricide (le). III, 19.
Paysan (le) et la Rivière. V, 5.
Perroquet (le). III, 16.
Perroquet (le) confiant. App., 5.
Petit (le) Chien. V, 10.
Phénix (le). II, 12.
Philosophe (le) et le Chat-huant. IV, 14.

Pie (la) et la Colombe. II, 13.
Poisson (le) volant. App., 10.
Prêtre (le) de Jupiter. V, 6.
Procès (le) des deux renards. IV, 15.

Renard (le) déguisé. III, 17.
Renard (le) qui prêche. III, 7.
Rhinocéros (le) et le Dromadaire. III, 4.
Roi (le) Alphonse. III, 8.
Roi (le) de Perse. App., 3.
Roi (le) et les Deux Bergers. I, 3.
Rossignol (le) et le Paon. III, 5.
Rossignol (le) et le Prince. I, 19.

Sanglier (le) et les Rossignols. III, 9.
Sauterelle (la). V, 14.
Savant (le) et le Fermier. IV, 1.
Serins (les) et le Chardonneret. I, 5.
Singe (le) qui montre la lanterne magique. II, 7.
Singes (les) et le Léopard. III, 1.

Taupe (la) et les Lapins. I, 18.
Tourterelle (la) et la Fauvette. V, 13.
Troupeau (le) de Colas. II, 5.

Vacher (le) et le Garde-chasse. I, 11.
Vieux (le) Arbre et le Jardinier. II, 3.
Vipère (la) et la Sangsue. IV, 5.
Voyage (le). IV, 20.

TABLE

	Pages
Note des Éditeurs.	i
Préface.	v
De la Fable.	1

LIVRE PREMIER

I. — La Fable et la Vérité.	29
II. — La Carpe et les Carpillons	31
III. — Le Roi et les Deux Bergers	32
IV. — Les Deux Voyageurs	35
V. — Les Serins et le Chardonneret.	36
VI. — Le Chat et le Miroir	38
VII. — Le Bœuf, le Cheval et l'Ane	39
VIII. — Le Calife.	41
IX. — Le Chien et le Chat.	43
X. — Les Deux Jardiniers.	44
XI. — Le Vacher et le Garde-chasse	46
XII. — La Coquette et l'Abeille	47
XIII. — La Mort.	48
XIV. — Le Château de cartes	49
XV. — Le Lierre et le Thym.	51
XVI. — Le Chat et la Lunette.	52
XVII. — Le Jeune Homme et le Vieillard.	54

TABLE

	Pages
XVIII. — La Taupe et les Lapins.	55
XIX. — Le Rossignol et le Prince.	57
XX. — L'Aveugle et le Paralytique	58
XXI. — Pandore	60

LIVRE DEUXIÈME

I. — La Mère, l'Enfant et les Sarigues	61
II. — Le Bonhomme et le Trésor.	63
III. — Le Vieux Arbre et le Jardinier.	66
IV. — La Brebis et le Chien.	68
V. — Le Troupeau de Colas.	69
VI. — Les Deux Chats	71
VII. — Le Singe qui montre la lanterne magique.	72
VIII. — L'Enfant et le Miroir	75
IX. — Le Bouvreuil et le Corbeau	76
X. — Le Cheval et le Poulain	77
XI. — L'Éléphant blanc	79
XII. — Le Phénix.	81
XIII. — La Pie et la Colombe.	82
XIV. — L'Éducation du lion.	84
XV. — Le Grillon.	88
XVI. — Le Danseur de corde et le Balancier.	89
XVII. — La Jeune Poule et le Vieux Renard.	90
XVIII. — Les Deux Persans	92
XIX. — Myson	94

LIVRE TROISIÈME.

I. — Les Singes et le Léopard.	95
II. — L'Inondation	97

TABLE

	Pages
III. — Les Deux Bacheliers.	99
IV. — Le Rhinocéros et le Dromadaire	101
V. — Le Rossignol et le Paon	102
VI. — Le Lièvre, ses Amis et les Deux Chevreuils.	104
VII. — Le Renard qui prêche	107
VIII. — Le Roi Alphonse	109
IX. — Le Sanglier et les Rossignols	110
X. — Hercule au ciel	112
XI. — Le Dervis, la Corneille et le Faucon	113
XII. — La Balance de Minos	115
XIII. — La Chenille	116
XIV. — L'Hermine, le Castor et le Sanglier	117
XV. — Les Enfants et les Perdreaux	119
XVI. — Le Perroquet	121
XVII. — Le Renard déguisé	122
XVIII. — Le Hibou, le Chat, l'Oison et le Rat	123
XIX. — Le Parricide	125
XX. — L'Amour et sa Mère	126

LIVRE QUATRIÈME

I. — Le Savant et le Fermier	129
II. — L'Écureuil, le Chien et le Renard	131
III. — Le Courtisan et le Dieu Protée	134
IV. — Le Hibou et le Pigeon	135
V. — La Vipère et la Sangsue	137
VI. — Le Pacha et le Dervis	138
VII. — Le Laboureur de Castille	140
VIII. — Le Paon, les Deux Oisons et le Plongeon	143
IX. — L'Avare et son Fils	144

X. — L'Habit d'Arlequin.	145
XI. — Le Lapin et la Sarcelle	147
XII. — Le Milan et le Pigeon	151
XIII. — La Fauvette et le Rossignol	151
XIV. — Le Philosophe et le Chat-huant.	153
XV. — Le Procès des deux renards	154
XVI. — Le Miroir de la Vérité.	156
XVII. — Les Deux Paysans et le Nuage.	157
XVIII. — La Guenon, le Singe et la Noix.	159
XIX. — Don Quichotte	160
XX. — Le Voyage	162

LIVRE CINQUIÈME

I. — Le Berger et le Rossignol.	163
II. — Les Deux Lions.	165
III. — La Colombe et son Nourrisson	167
IV. — L'Ane et la Flûte.	169
V. — Le Paysan et la Rivière.	171
VI. — Le Prêtre de Jupiter.	172
VII. — Les Deux Chauves	174
VIII. — Le Léopard et l'Écureuil.	175
IX. — Pan et la Fortune.	176
X. — Le Petit Chien.	178
XI. — Le Chat et les Rats.	179
XII. — Le Crocodile et l'Esturgeon.	181
XIII. — La Tourterelle et la Fauvette.	182
XIV. — La Sauterelle	184
XV. — La Guêpe et l'Abeille.	186
XVI. — Le Hérisson et les Lapins	187

TABLE

	Pages
XVII. — Le Charlatan.	190
XVIII. — Le Chien coupable.	191
XIX. — Jupiter et Minos.	193
XX. — L'Auteur et les Souris	194
Épilogue	197

APPENDICE

I. — L'Enfant et le Dattier.	201
II. — Le Chat et le Moineau.	203
III. — Le Roi de Perse	203
IV. — Le Linot.	205
V. — Le Perroquet confiant	207
VI. — L'Aigle et la Colombe.	209
VII. — Le Lion et le Léopard	211
VIII. — Le Coq fanfaron.	212
IX. — L'Aigle et le Hibou	214
X. — Le Poisson volant.	216
XI. - Les Deux Sœurs ou la Gloire et la Vertu.	217
XII. — L'Aigle et la Fourmi.	219
Notes.	223

PARIS
IMPRIMERIE DE D. JOUAUST, L. CERF SUCC^r
13, RUE DE MÉDICIS

NOUVELLE BIBLIOTHÈQUE CLASSIQUE
A 3 francs le volume

EN VENTE

REGNIER, *Satires*, publ. par Louis Lacour. — 1 vol.
MONTESQUIEU, *Grandeur et Décadence des Romains*, publ. par G. Franceschi. 1 vol.
BOILEAU, publ. par P. Chéron. — 2 vol.
HAMILTON, *Mémoires de Grammont*, publ. par M. de Lescure. — 1 vol.
REGNARD, *Théâtre*, publ. par G. d'Heylli. — 2 vol.
SATYRE MÉNIPPÉE, publ. par Ch. Read. — 1 vol.
P.-L. COURIER, *Œuvres*, avec préface par F. Sarcey. — 3 vol.
MALHERBE, *Poésies*, publ. par P. Blanchemain. — 1 vol.
CORNEILLE, *Théâtre*, avec préface par V. Fournel. — 5 vol.
DIDEROT, *Œuvres choisies*, préface par Paul Albert. — 6 vol.
CHAMFORT, *Œuvres choisies*, publ. par M. de Lescure. — 2 vol.
RIVAROL, *Œuvres choisies*, publ. par M. de Lescure. — 2 vol.
RACINE, *Théâtre*, préface de V. Fournel. — 3 vol.
LA ROCHEFOUCAULD, *Maximes*, publ. par J. Thénard. — 1 vol.
MARIVAUX, *Théâtre*, préface de F. Sarcey. — 2 vol.
LA BRUYÈRE, *Caractères*, préface de L. Lacour. — 2 vol.
MOLIÈRE, *Théâtre*, publ. par Jouaust et Monval. — 8 vol.
BOSSUET, *Oraisons funèbres*, publ. par Arm. Gasté. — 1 vol.
— *Discours sur l'hist. univ.*, publ. par Arm. Gasté. — 2 vol.
ANDRÉ CHÉNIER, *Poésies*, publ. par Eug. Manuel. — 1 vol.
RABELAIS, avec notice de Paul Lacroix. — 4 vol.
MONTAIGNE, *Essais*, publ. par Motheau et Jouaust. — 7 vol.
VOLTAIRE, *Œuvres choisies*, publiées par G. Bengesco. — *Théâtre*, 1 vol. ; — *Romans et Contes*, 4 vol. — *Poésies*, 1 vol. ; — *Charles XII*, 2 vol. ; — *Dictionnaire philosophique*, 2 vol.
FÉNELON, *Éducation des filles*, préf. par O. Gréard. — 1 vol.
LA FONTAINE, *Fables*, publ. par P. Lacroix et Jouaust, 2 vol.
— *Contes*, publ. par D. Jouaust, 2 vol.
BEAUMARCHAIS, *Théâtre*, publ. par A. Vitu. — *Le Barbier de Séville*, 1 vol. — *Le Mariage de Figaro*, 1 vol.
En préparation : *Brantôme, J.-J. Rousseau.*

LITTÉRATURE ÉTRANGÈRE

CALIDASA, *Sacountala*, trad. par Bergaigne et Lehugeur. 1 vol.
STERNE, *Voyage sentimental*, trad. d'Alf. Hédouin. 1 vol.
HORACE, *Odes, Satires, Épîtres*, trad. de J. Janin. 2 vol.

Il a été fait pour les auteurs publiés, des portraits gravés à l'eau-forte que nous vendons séparément :

Avec la lettre. . . . . 2 fr.
Avant la lettre . . . . 3 fr.

www.ingramcontent.com/pod-product-compliance
Lightning Source LLC
Chambersburg PA
CBHW070625170426
43200CB00010B/1916